ASSALTO À BRASILEIRA

DOMINGOS PELLEGRINI

Assalto à brasileira

Faria e Silva é uma Editora do Grupo Editorial Alta Books.

ISBN: 978-6560-2521-10
Produção Editorial: Grupo Editorial Alta Books
Impresso no Brasil – 2a Edição, 2025 – Edição revisada conforme o Acordo Ortográfico da Língua Portuguesa de 2009.

P45
PELLEGRINI, Domingos.
Assalto à brasileira / Domingos Pellegrini. – 2a Edição. –São Paulo: Faria e Silva, 2025.
168 p. ; 14x21 cm.
ISBN 978-6560-2521-10
1. Assalto a banco - Brasil - Londrina (PR) - Relatos. 2. Crime organizado - Aspectos sociais. 3. Condições socioeconômicas - Brasil - Década de 1980. 4. Jornalismo literário - Brasil. I. Título.
CDD: 364.155

ALTA BOOKS
GRUPO EDITORIAL
www.altabooks.com.br

Rua Viúva Cláudio, 291 – Bairro Industrial do Jacaré
CEP: 20.970-031 – Rio de Janeiro (RJ)
Tels.: (21) 3278-8069 / 3278-8419
www.altabooks.com.br – altabooks@altabooks.com.br
Ouvidoria: ouvidoria@altabooks.com.br

Editora afiliada à:
ASSOCIADO
CBL Câmara Brasileira do Livro

ASSALTO À BRASILEIRA

DOMINGOS PELLEGRINI

FARIA E SILVA
EDITORA

Sumário

O orçamento nacional deve ser equilibrado.
As dívidas públicas devem ser reduzidas, a arrogância das autoridades deve ser moderada e controlada.
Os pagamentos a governos estrangeiros devem ser reduzidos, se a Nação não quiser ir à falência.
As pessoas devem novamente aprender a trabalhar, em vez de viver por conta pública.

Marcus Tulius Cícero
Roma, 55 a.C.

(Estas advertências, publicadas em jornal nos dias do assalto, foram reproduzidos emc ópias xerográficas que circularam de mão em mão)

Introdução

Quanto mais simples, melhor.

Esta nova edição de *Assalto à brasileira* sobre um assalto que ocorreu em Londrina, espantando e fascinando o país em 1988, acontece pois virou filme e porque as motivações e revelações dos fatos continuam atuais, evidenciando um retrato vivo do Brasil para o bem epara o mal.

Ao pesquisar, entrevistando os assaltantes e demais envolvidos no assalto, revelaram-se fatos tão inusitados que a opção então foi simplesmente contar e deixar que falem por si. Só aqui e ali indiquei ou sugeri alguma explicação ou interpretação para aquele imbróglio com que trombei numa tarde de primavera.

Estava no Banco do Brasil quando alguém entrou dizendo que outro banco estava sendo assaltado ali na avenida. Passei por lá quando os bombeiros já continham a multidão e o sol do meio-dia castigava; fiquei menos de uma hora vendo o movimento dos policiais e repórteres, fui cuidar da vida — correr atrás da inflação, que faz a gente ter de trabalhar tanto e, no fim das contas, deixa a gente pensando se não estamos sendo trouxas de algum deus sacana.

Mas não consegui trabalhar naquela tarde. A cidade tinha parado; em todo lugar só se falava do assalto, juntava gente em redor de todo rádio.

Não é preciso estudar para saber que a criminalidade aumenta nas crises econômicas. Os assaltos à mão armada, como dizemos — pois quem é que assalta desarmado além do Governo? —, os assaltos fascinam as pessoas: primeiro, alguém está ganhando dinheiro de um jeito fora do usual, que é o trabalho, a luta pela vida; segundo, alguém está fazendo exatamente aquilo que muitos gostariam de fazer se não tivessem medo.

Além disso, naquele assalto parecia haver um ingrediente mágico: os danados dos assaltantes davam dinheiro e tratavam todo mundo como gente, coisa rara nestes tempos de crise não só econômica, mas também social, moral, humana, até no sentido mais íntimo da palavra. Então, aquilo era um fenômeno.

No fim da tarde, eu já estava nervoso: tinha um monte de coisas para fazer e não tinha feito nada por causa do maldito assalto. E os assaltantes, no banco, continuavam tranquilos com centenas de reféns, depois de horas que deveriam ser de tensão. Então relaxei, fui tomar café na casa da Nona.

Mas, se relaxei, a Nona encrespou. Tem 91 anos, tinha perdido o Nono fazia semanas, depois de 70 anos de casamento, fora o namoro. No entanto, achou energia para fechar as mãos e chacoalhar as pelancas dos braços:

— Mas não tem mais ninguém de coragem nesse Brasil pra acabar com essa barbaridade?!

Ela começou a trabalhar aos 10 anos, cuidando dos irmãos para a mãe ir trabalhar na roça, e só parou de trabalhar depois de se queimar cozinhando: hoje os olhos só veriam a frigideira se fosse pintada de amarelo; a maioria dos bisnetos só conhece como borrões. Católica, passou a vida acreditando no Bem e, de repente, o Mal é aplaudido até pelos filhos na hora da Ave Maria, quando os assaltantes deixavam o banco e os locutores de rádio enrouqueciam de vez.

Meses antes, um sequestro bem-sucedido — o chamado caso Beltran — motivou dezenas de outros em todo o país. Meses depois, quando esta reportagem já estava nas máquinas, um cidadão assalta um banco, lá no Rio Grande do Norte, fazendo reféns durante sete horas, armado com uma seringa que disse cheia de sangue com AIDS. "Onde é que vamos parar?" — desde criança a gente ouve isso, e continuamos perguntando.

Uma semana depois da Nona, é sua bisneta quem pergunta:

— Pai, por que o povo aplaudiu os bandidos?

— Não sei, filha (mas a Humanidade começou em bandos, pensei).

— Por que você não vai saber o por que?

Ora, eu tinha tanta coisa a fazer — e, no dia seguinte estaria atendendo ao coração, ouvindo assaltantes e reféns, tentando levantar as várias versões dos mesmos fatos. Quando senti — como sempre — que jamais chegaria à Verdade, resolvi: quanto mais simples, melhor.

Para bom entendedor...

UM DIA DE CACHORRO

Audácia, audácia ainda, audácia sempre.
(Danton)

FESTA DE ANIVERSÁRIO

Só podia acontecer em Londrina, dizem as pessoas revendo o noticiário em videocassete.

Durante a ditadura, a cidade sempre votou na oposição. Aqui, faz tempo o Carnaval começa na sexta-feira — e o mais esperado e político discurso do ano é sempre do Rei Momo, ao receber do prefeito as chaves da cidade. Na última vez, os poucos políticos presentes à cerimônia baixaram a cabeça encabulados quando o rei falou:

— Do jeito que anda este país, com esses políticos que estão aí, eu sou a única autoridade legítima! Eu cumpro meu dever durante quatro dias, enquanto eles querem me imitar o ano inteiro: só fazem palhaçada!

É uma terra colonizada por gente de trinta raças e de quase todos os Estados, e seus filhos colonizam hoje os novos Estados do Oeste, plantam até nos cerrados da Bahia. Uma gente atrevida. Entre crises e crises, erguem dezenas de prédios a cada nova estação.

O céu é muito azul na primavera, mas de repente podem passar vendavais. A mais rica mata intertropical do planeta, que há milhares de milênios cobria toda a região, foi derrubada em menos de cinquenta anos — e, sem vegetação para refrear, os ventos passam cada vez mais rápidos. A Comissão de Defesa Civil só tem trabalho nos vendavais — ou num assalto como este.

O comércio começa a vender o Natal, mas o movimento é fraco e, com o assalto, para de vez. Não é todo dia que, no centro duma cidade de 350 mil habitantes, uma quadrilha assalta um banco ao lado de um módulo policial. A agência bancária é logo cercada por centenas de policiais — mas os assaltantes também mantêm centenas de pessoas lá dentro. Fora, a multidão de curiosos toma toda a avenida e interrompe o tráfego antes mesmo dos bombeiros estenderem cordões de isolamento.

O sol e o calor não diminuem a plateia. Mais gente junta para ver os policiais armados correndo para lá e para cá. É hora do almoço, e do comércio saem levas de *boys*, balconistas e secretárias. Por isso, também é a hora em que os paqueradores povoam a Avenida Paraná, somando-se aos desocupados, corretores e vendedores dos mais variados papéis da economia brasileira, da *pule* do bicho às rifas, das loterias aos títulos financeiros. A avenida ferve.

A imprensa zanza entre os policiais, emaranhando fios em que todos parecem enredados, uns posando e outros filmando. Fotógrafos e repórteres tentam entrar no banco, policiais espiam pela fachada de vidros fumê. Quando algum se mostra mais temeroso ou afoito, a multidão ri e vaia, pipocam piadas e tudo vai virando circo.

A fauna é muito curiosa. Um tipo, por exemplo, o alcaguete policial; mais conhecido por *cagueta* ou *dedo-duro*, especialista em entrar em cinemas e festas com a carteirinha de "colaborador". Em emergências como esta, colabora de várias maneiras, desde posar para a imprensa, dar palpites e fazer perguntas aos oficiais e delegados, até correr levando recados e tropeçando para delírio da multidão.

A suposição é um dos meios lógicos de investigação — mas, na multidão contida na esquina pelos bombeiros, as suposições chegam ao fantástico. Por que, por exemplo, aquele cidadão entra no banco de braços para o alto e sem camisa? Depois sai carregando nas costas uma mulher! Só pode ser o marido dela, entrou lá na marra e tirou o que é seu, ué!

Mas agora o cidadão sem camisa torna a voltar ao banco. Então só pode ser um delegado e dos peitudos, hem! E diz que lá dentro também estão um coronel e um capitão da Polícia Militar, mais o delegado da Polícia Civil! Diabo: então os assaltantes são da polícia, e não deve ser um assalto, mas um protesto por aumento de salário!

As rádios dizem que os assaltantes parecem militares, muito frios e disciplinados. Vai ver é um golpe militar nacional começando em Londrina! O sol castiga, mas a multidão não arreda pé: aumenta.

A tarde avança enquanto se desenrola uma intrigante barganha: do banco saem pessoas, no começo algumas e depois grupos que se abraçam em lágrimas, e entram bandejas de salgadinhos, água e refrigerantes levados por repórteres e policiais, e depois sacolas de dinheiro, armas e munição!

A cidade está parada. Num prédio em construção, o mestre e os operários estão, lá no alto, acocorados em volta de um rádio. Nos escritórios, os rádios estão ligados e só se faz o indispensável. Nas casas, as televisões estão em alto volume nas edições extraordinárias. Os locutores narram já em ritmo de futebol, os repórteres falam para as câmeras com uma excitação de frente de guerra, e a multidão aplaude sempre que chegam ao banco mais malotes de dinheiro.

Um ônibus estaciona na porta, mas logo parte. Encosta outro e fica esperando. Que diabo, a quadrilha vai fugir de ônibus?! Decerto para levar reféns, mas por que ônibus? Deve ser uma grande quadrilha — e, pelo comportamento e armamento dos policiais, muito temida no começo do cerco; agora, alguns policiais até chupam sorvetes.

E de repente a polícia se retira! Ficam só os bombeiros contendo a multidão.

E agora! Os assaltantes saem encapuçados, escudados por um cordão de homens amarrados pelos pulsos — coisa de militares, claro!

Entram no ônibus com reféns que levam os malotes, os outros se desamarram e dispersam correndo. Na porta do ônibus, o último da quadrilha, com calças de camuflagem militar, bate continência com displicência de oficial.

O povo grita e aplaude.

À noite, depois de ver a notícia na televisão, a cidade entra em ebulição: os bares lotam, erguem brindes aos assaltantes, carros buzinam à toa, o clima é de festa.

Coisa de cinema

Era mesmo coisa para ser gravada em cassete, até por uma questão de números. A 50 metros de um módulo policial, 7 homens assaltam um grande banco com 300 pessoas dentro, pedem 30 milhões e, depois de 7 horas de drama e comédia com suspense de tragédia, saem aplaudidos com 14 reféns — num ônibus de pescaria.

Os vidros fumê do ônibus protegem contra as câmeras da imprensa ou a mira dos policiais — embora todos os atiradores, encarapitados nos prédios, já tenham se retirado com suas carabinas e coletes à prova de balas.

Os bombeiros baixam o cordão, o ônibus rompe a multidão compacta na esquina, gente que ainda aplaude e ri. Até a saída da cidade, enquanto o motorista-refém buzina para os conhecidos, mais gente aplaude nas calçadas, ou acenam sorrindo com o polegar para cima: gente, enfim, "torcendo para os bandidos na falta de mocinhos", como dirão depois nos bares, "ainda mais bandidos tão bons assim". Pois não deram uma aula de eficiência num país de tanta incompetência? E não trataram todo mundo feito gente o tempo todo? E não foi gostoso ver a impotência de policiais geralmente tão prepotentes? "Banco assalta com juros" — dizem — "Quem assalta banco tem cem anos de perdão". E mesmo os bares que fecham cedo fecharão bem mais tarde, lotados de gente tagarela. Não se fala de outra coisa.

"Parece coisa de cinema" — repetem os que reveem em videocassete a saída da quadrilha. Os sete mascarados muito calmos, no meio dos reféns tão tensos que andam aos passinhos, como velhos, tão devagar que até parece câmera lenta. Nos malotes, uma quina da Loto! Em várias esquinas, despachos aparecem com velas acesas. A cidade vai dormir tarde na quinta-feira, torcendo pelos assaltantes, em estado de paixão enquanto o ônibus viaja por uma noite fria e estrelada.

Uma baita bronca

O radialista Luiz Carlos Alborghetti chegou a Londrina "com uma mão na frente e outra atrás" — como gosta de repetir — "mas nunca tive rabo preso com ninguém, não devo nada a vagabundo nenhum e ninguém lava as minhas cuecas". Seu programa *Cadeia* é líder de audiência em todo o Estado, transmitido no começo da tarde por uma cadeia de emissoras e visto por gente de todas as classes. Alborghetti faz no Paraná, pela TV, o que Afanásio Jazadji faz na rádio em São Paulo.

De apresentador de comício, passou a vereador mais votado da cidade, defendendo com furor a pena de morte, berrando por cadeia para assaltantes, pedindo pau nos estupradores, escrachando traficantes e espinafrando políticos. Candidato a deputado estadual, acabou o mais votado com quase 100 mil votos, 34 mil em Londrina — e então supõe-se que reflete muito da opinião pública da cidade.

Nos piques de indignação, fica vermelho, as veias saltam no pescoço, esmurra a mesa, joga longe o telefone, xinga o cameraman e bate no peito desafiando as ameaças de morte. Mas, no dia seguinte ao assalto, parece outro homem. Está perplexo. Encara a câmera e se confessa estarrecido:

— Eu não acredito, eu me recuso a acreditar! A gente da minha cidade aplaudindo bandido, dando força pra assaltante! Eu estava sonhando?! Temos de botar o Exército nas ruas!

Aos poucos vai se indignando, deixa escapar palavrões, dá uma baita bronca na cidade e acaba o programa perguntando aos berros:

— Por que, meu Santo Pai?! Alguém, pelo amor de Deus, me explique por que essa gente deu de aplaudir bandido?!

Num programa de rádio, na mesma tarde, o apresentador pergunta e uma ouvinte responde:

— Se eu estivesse lá, também aplaudia. Com essa crise, o povo anda tão sem diversão, né?

Antes, a Igreja

A diversão começou quando chegam de São Paulo, em ônibus-leito, ainda antes de amanhecer, os assaltantes nºs 2, 4 e 6, como se chamarão durante o assalto. A essa altura, também já chegaram de São Paulo, num Corcel II, o nº 5 e os chefes — 1 e 7, já na própria posição numérica indicando uma oposição que acabará em aberta rivalidade.

Passearam pelo Calçadão, envergando jaquetas e calças novas — como o carro, compradas com dinheiro de assalto a outra agência do mesmo Banestado, três meses antes, também num dia 10.

O campus da Universidade de Londrina fica fora da cidade, numa colina com perobas sobreviventes da antiga mata. A agência bancária é na reitoria, uma construção térrea cercada de árvores e sebes. Ali a quadrilha já mostrou audácia e criatividade, principalmente do nº 1, que no segundo assalto acabará apelidado de Moreno.

Eram três assaltantes só com duas armas, um revólver 32 e uma metralhadora que apavorou o motorista do táxi. Moreno, o nº 1, fingiu passar ao nº 6 o revólver num jornal dobrado, e saiu para assaltar com o nº 5. O nº 6 ficou no banco de trás do táxi com o jornal, desarmado, pedindo calma ao motorista, que já teve o espelho retrovisor virado para baixo e recebeu ordem de não tirar as mãos do volante.

Moreno e o nº 5 sairam do táxi, estacionado nos fundos da reitoria, andaram vinte metros de gramado, e perguntaram a uma secretária onde era a agência bancária. Estavam de guarda-pós, Moreno com a metralhadora numa sacola. A agência estava fechada, mas uma pequena multidão já esperava. Em dia de pagamento, um camburão da Polícia Militar fica no estacionamento, mas nesse dia havia greve de bancários na cidade e só dois PMs estavam ali a pé.

Alguns funcionários puxaram conversa com Moreno, que afirmou ser funcionário novo. Perguntaram em que setor está trabalhando, ele desconversou, disse que está gostando de Londrina, uma cidade com tanto verde. Puxou conversa com os PMs. A agência abriu. Entraram. Os professores formaram filas nos caixas, agência pequena num instante está lotada. Moreno tirou a metralhadora da sacola e o revólver de um dos PMs, enquanto o nº 5 desarmou o outro e o vigia do banco.

— Atenção, gente! É um assalto, e isto aqui é uma metralhadora! Todo mundo deitado no chão!

Recolheu o dinheiro dos caixas na sacola, enquanto o nº 5, baixinho e muito nervoso, ficou vigiando. Lá fora, já corria aos gritos a notícia do assalto. O baixinho ficou mais nervoso. A agência estava tão lotada que alguns professores estavam embolados no chão, e um tentou se ajeitar melhor, o nº 5 não pensou duas vezes e fez três disparos. Atingiu um joelho, uma canela e uma nádega, de três pessoas.

— Era tão baixinho que acertou só da cintura pra baixo — dirão depois os assaltados.

Moreno saiu levando o gerente abraçado pelo pescoço, para se escudar: lá fora, um segurança da Universidade começou a atirar. O baixinho respondeu descarregando os revólveres que tomou no assalto, e foram andando de costas na direção do táxi. Moreno disparou a metralhadora apontando para uma sebe, "só pra espantar". As marcas dos chumbos estão lá numa parede atrás da sebe, formando dois círculos como aros de óculos gigantes — deixando claro que era uma escopeta e não uma metralhadora.

Com o disparo, o cano da "metralhadora" se desprendeu e rolou pelo chão: um tubo de metal com pequenas perfurações, pintado com spray preto e colado sobre o cano da escopeta, com um pedaço de madeira também colado embaixo para figurar como pente de munição.

Mas são bem reais o carro, o televisor a cores, o aparelho de som e as iguarias que Moreno compra com o milhão de cruzados para sua casa no Embu, em São Paulo. Lá, quase toda a quadrilha viveu três meses até o dinheiro começar a minguar. Mas ainda compram as roupas novas com que se apresentam para o segundo assalto.

Na noite do dia 8 para o dia 9, no Corcel II viajam para Londrina, além de Moreno, os assaltantes nºs 5 e 7 — este ao volante, cofiando nervoso a barba quando Moreno fala demais ou resolve parar para socorrer um carro sem combustível.

— A gente vai pra um assalto, meu, não saímos pra fazer caridade.

— Não custa nada — Moreno insiste, e desce do carro com um revólver na cinta e o cinturão de munição, vazio, atravessado no peito. Os dois ocupantes do carro se assustam, recebem a gasolina e agradecem estranhando. O nº 7 coça a barba e pragueja, arranca castigando os pneus. E o único que, além de Moreno, ganhará um apelido no assalto: o Barba.

No banco de trás, o nº 5 deita confortável: é mesmo bem baixinho, menos de três vezes mais comprido que a escopeta ainda a serviço da quadrilha, acompanhada de um rifle Winchester 38, uma pistola 7.65 e revólveres 38, 22 e 32, que o Barba acha leves demais para um assalto a rigor. Moreno garante que isso se resolve fácil.

Chegam a Londrina. Deixam o carro em algum lugar e, numa casa da periferia, enquanto amanhece reparam e não esquecerão "como cachorro de pobre late desesperado, e como late tanto cachorro depois que um começa". Na manhã seguinte, encontram no Calçadão os que chegam de São Paulo em ônibus-leito: os nºs 3, 4 e 6. O nº 2 já estava em Londrina, batendo o último ponto no emprego um dia antes do assalto. Rotina, adeus.

Agora, dia 10 de dezembro, aniversário da cidade, passeiam pelo Calçadão, comem sanduíches numa lanchonete, bebem um pouco de cerveja, "bem pouco só, pra não alterar" porque será um dia de trabalho diferente. Tudo está pronto. Já sabem onde conseguir mais armas. Estão bem vestidos, não causam desconfiança. Estão alimentados e confiantes. Nem percebem que os motoristas, no ponto de táxi ao lado da Catedral, estão de olho neles, pensando que podem ser os trombadões que, dizem, vão chegar de São Paulo para barbarizar o Natal de Londrina.

Então o nº 3, "sem saber porque, porque deu vontade, só isso", resolve visitar a Catedral. Parece mais um hangar ou um armazém que uma igreja: uma estrutura piramidal, com cobertura de placas metálicas, nada aparentemente espiritual. Mas ele insiste, quer visitar a igreja. Ao lado está o Bosque, dois quarteirões de mata que foram preservados da derrubada mas, agora, ali só uma peroba está em pé e viva. Outra peroba continua em pé mas morta, amparada por um cipó grosso de palmo, enroscado no tronco feito muleta viva. No entanto, nos galhos mortos da peroba, quarenta metros lá para cima, florescem orquídeas e bromélias. Os assaltantes olham admirados de árvore tão alta, depois dão uma chegadinha na igreja, trocam as últimas palavras antes de se separarem e agora "seja o que Deus quiser e o diabo mandar", como diz o Barba.

Primeiro, as armas

Os sete já estão até bem armados. Moreno leva sob a jaqueta a pistola 7.65 com cinturão de balas. O Barba leva numa sacola comprida, tipo dessas para tacos de tênis, a escopeta e um rifle Winchester 38. Os outros têm revólveres 32 e 38 — e um 22, que fica com o nº 5:

— Você é nervoso demais. Com o 22, se atirar à toa, faz menos estrago.

Será dito e feito, logo depois.

Na manhã anterior, Moreno passou no Armarinho Paulista. Fundado por um mascate que chegou à Londrina com um burro carregado de mercadorias, de armarinho só tem o nome: tornou-se grande loja. A seção de armas é num mezanino estreito de onde se vê toda a loja, sem visão para quem olha da rua, ao contrário das outras seções de armas da cidade.

O encarregado da seção, João Benedito Crivelaro, aos 36 anos era virgem de assalto, mas conhecedor dos tipos da freguesia. E aquele parecia um cidadão muito educado e correto. Moreno, bem trajado e com sotaque portenho, perguntou pelo preço de uma pistola 7.65, e como conseguir a documentação para o porte da arma — que não pegou nem pediu; disse que voltava no dia seguinte. João Benedito, o Dito, só estranhou que ele chegou com e saiu já falando sem sotaque, acompanhado de outro de que só lembra não ter falado nada. Era o Barba.

Agora, no dia do assalto, Moreno volta com mais dois. Diz que vai mesmo comprar a arma, e apalpa os bolsos adiantando que já está com o porte de arma e... será que pode, por favor, antes de tudo, pegar um pouco a pistola? Dito pega a chave, abre o balcão-vitrine, onde as armas ficam acorrentadas e sem munição. Quando Moreno pega a pistola, os outros sacam os revólveres. Moreno manda Dito botar todas as armas em cima do balcão e vai municiando com agilidade os 38 novos, com balas do próprio cinturão. Pede mais munição, depois de verificar que as caixas da vitrine estão vazias. Dito diz que a munição não fica ali e então Moreno começa a mostrar a frieza, a audácia e o cavalheirismo que perdurarão até a última hora:

— Não estou brincando, meu senhor. Vamos buscar juntos, por favor?

Sempre conversando e sorrindo para disfarçar, desce com Dito a escada do mezanino até o escritório, onde a munição fica num dos cofres. Dito abre o cofre, Moreno acha pouca a munição, pergunta pelo resto: não é possível uma loja com tão pouco estoque. Mas Dito mente que a chave do cofre maior fica com o gerente em outro andar do prédio. Moreno engole, voltam ao mezanino e Dito nota que os outros também trazem cinturões para munição debaixo das jaquetas. Pegam a pistola, quatro revólveres 38, uma carabina Winchester 38, cano curto, culatra tipo papo-amarelo — e uma faca que seria muito útil a Moreno na semana seguinte.

Ele não esquece de agradecer e avisar:

— Dá um tempinho antes de dar o alarme.

Pela vidraça, Dito vê que entram num táxi, anota a placa e telefona à Polícia sem perder a calma. Confessa que só no dia seguinte, ao relembrar a situação, ficará nervoso, de pernas bambas.

O mesmo sentirão dezenas de pessoas que — 11 horas da manhã — estão entrando no banco que acaba de abrir. Depois que os bancos resolveram receber taxas e tributos só dos correntistas, o povo que não usa cheques só pode pagar água e luz nas agências do Banestado, onde se formam longas filas no dia 10. No andar superior, no caixa para receber as contas em atraso, a fila dá voltas pelo salão, castigando os atrasados com uma longa espera, os talões amarfanhados nas mãos suadas. Muitas dessas pessoas ficarão traumatizadas durante o assalto, em estado de choque emocional, e só manifestarão reações de medo — palpitações, pernas bambas — no dia seguinte.

Uma corrida curta

Quem está muito assustado, já antes do assalto, é Armando de Jesus, motorista com dez anos na praça e nunca assaltado.

– Eu sei que é uma loteria: um dia, a gente acaba "premiado". Mas eu não acreditava que estava acontecendo comigo.

Homem que não gosta nem de ver arma, Armando vê entrar no seu Escort um homem branco, de barba, com uma sacola comprida – e querendo uma corrida muito curta: só até a rodoviária, a duas quadras do ponto de táxi ao lado da Catedral. Armando não vê mal algum em ganhar a bandeirada e aproveita para "dar uma volta" em vez de ir direto ao destino. Acaba acertando sem querer: no meio do caminho, o sujeito resolve que não vai mais à rodoviária, mas sim ao Armarinho Paulista, onde é esperado por três sujeitos na calçada. Dizem que vão comprar umas camisas e já voltam. Armando fica esperando – com um deles no carro. Não consegue lembrar da cara do sujeito, só do .38 apontado para a nuca e do aviso de Moreno quando voltam correndo para o táxi:

– Agora, meu irmão, a gente vai assaltar o Banestado. Dirige direitinho que de você não queremos nada, muito menos te machucar. Mão sempre no volante, não dê sinal de luz nem olhe para os lados. Vai tocando, por favor.

Armando não acredita de novo: vão assaltar o Banestado do centro?! Os quatro municiam as armas no táxi. Armando estaciona em fila dupla em frente ao banco. Quase dá para ver o branco dos olhos do soldado logo ali no módulo policial. Dez metros atrás do táxi, também em fila dupla, está uma viatura da Polícia Militar – mas Moreno não perde a calma. Manda o motorista dar uma volta, "um balão" como diz, e Armando dirige por puro automatismo. Logo estão de volta na frente do banco, a viatura sumiu, e Moreno distribui armas aos outros três assaltantes que esperam na calçada.

Uma mulher passa com um carrinho de nenê e para, estranhando. Mas antes que ela se assuste, Moreno sorri:

– Tudo bem, tia, a gente é da Polícia.

A mulher sorri aliviada, prossegue confiante.

O nº 3 enfia o revólver na jaqueta e olha para os lados procurando:

– Cadê o banco?

Moreno aponta – estão bem em frente a uma alta fachada de vidros fumê. O outro se espanta:

– Vamos assaltar esse bancão?

– E vamos logo antes que o vigia veja!

Atrás da porta de vidro, o vigilante bancário está dando informações às pessoas e não vê a distribuição das armas. Apressado, o assaltante nº 2 entra sem arma, mas o nº 4 enfia mais um revólver na barriga para entregar ao companheiro lá dentro. Com exceção do nº 5, todos estão calmos: o Barba tem experiência, e Moreno transmite calma e segurança aos outros.

– Ninguém se afobe, o importante é a cabeça estar em ordem.

A cabeça do motorista ferve: nunca viu tantas armas, continua com três assaltantes no táxi e um revólver nas costas, empunhado pelo nº 6. Além disso, tem uma dúvida terrível – vão fugir os sete no táxi?!

Os minutos passam. Um depois outro, mais dois saem do táxi e entram no banco, o segundo levando a sacola com as armas longas.

Os minutos passam. De repente, o motorista ouve um tiro e vê o vigilante bancário cair lá dentro. O nº 6 empurra o banco do táxi com o pé, amassando o motorista contra o volante, e sai correndo para o assalto. Armando também corre, levando as chaves e deixando o táxi. Ao contrário do motorista do assalto ao campus, a quem Moreno deu 20 mil cruzados, Armando não ganha nada, perde o dia e ainda pagará mecânica para o carro avariado pela guinchagem – mas dá graças a Deus.

– Pior seria se me levassem para dentro do banco.

Lá, começa uma hora de pavor.

O primeiro tiro

A Avenida Paraná, no começo, era de lojas de ferragens e tecidos, armazéns de secos e molhados. Depois, foi ocupada por lojas, restaurantes e, finalmente, é quase toda tomada por bancos, os únicos capazes de pagar aluguéis tão altos ou terrenos tão valiosos. Durante toda a década de 70, enquanto o comércio se debatia em crises sucessivas, novas e suntuosas agências bancárias se estabeleceram na avenida. Depois do Banco do Brasil, a agência regional do Banestado é a maior e de arquitetura mais rica; provocou protestos quando foi inaugurada em meio a uma greve de funcionários estaduais por melhores salários.

É uma enorme caixa de concreto com fachada toda em vidro e, dentro, quatro pavimentos que pairam descolados dos paredões laterais, com jardins suspensos e uma fonte com cascata logo ao lado da entrada. Mais de trezentas pessoas ali estão no final da manhã, irritadas pela demora das filas e se abanando com talões e carnês, reclamando do calor e amaldiçoando os office-boys, também nas filas com maços de cheques nas mãos. Como é agência da gerência regional, os pavimentos são ocupados por seções e departamentos de crédito rural e imobiliário, financeira e semelhantes, todos quase sem paredes, com divisórias de meia altura em grandes salões. O pavimento térreo nem divisórias tem: apenas um balcão quadrado para os caixas, no centro, e os boxes das gerências e serviços marcados apenas por escrivaninhas. Um salão de quase mil metros quadrados, onde uma bala tem muito espaço para viajar desimpedida até encontrar destino.

A caixa Eiko Aparecida olha o relógio: quase 11:30, hora do seu turno de almoço. Os caixas do primeiro turno já saíram levando as chaves das gavetas de dinheiro, e já faz dez minutos que a quadrilha está ali misturada nas filas.

Nos fundos do salão, Moreno rende o primeiro vigilante, não sem antes mostrar novamente seu estilo:

– Bom dia, tio. A boia estava boa?

O homem está palitando os dentes. Moreno mostra a pistola sob a jaqueta.

– Então, tio: a gente vai assaltar o banco, mas queremos que o senhor aproveite bem o almoço. É só deixar a arma aí mesmo onde ela está e ninguém sai machucado.

Outros dois dominam outro guarda, que levam até junto de Moreno. Logo depois, um menino avisa o guarda da porta da frente: tem uns caras lá atrás desarmando os outros guardas.

Vigilante bancário é o nome inventado para esses guardas contratados e treinados por empresas de segurança, volta e meia denunciadas por repassar a eles a menor parte do que recebem dos bancos – que, com isso, economizam encargos sociais com pagamento de um corpo próprio de segurança. A eficiência, porém, pode ser medida pelo singelo comportamento de José Cláudio Américo.

Ele mora numa casa de madeira, na mesma periferia onde também cresceram quatro dos assaltantes, até vizinhos de bairro, lá onde os jardins ainda têm alecrins e os cachorros latem de irritar, mas correm ao primeiro bate-pé. José Cláudio já tem década de profissão no dia do assalto – e, como sempre quando fica na porta, não tem tempo de prestar atenção à segurança porque "de três ou quatro pessoas que entram, uma pede informação".

Mulato tranquilo como quase todos os assaltantes, José Cláudio não se apavora com o aviso do menino. Os homens lá no fundo podem ser da Polícia, que de vez em quando aparece querendo vender armas para os vigilantes. Pode parecer ao menino que estão tirando as armas dos guardas, quando devem estar é fazendo negócio.

Mas lá fora está um táxi com a porta aberta, três sujeitos dentro e o motorista olhando para a frente com as mãos no volante. Será um assalto?

O guarda olha para os fundos do salão, não vê os sinais disfarçados de um dos colegas já rendidos, mas estranha estarem os dois juntos quando deveriam estar um em cada canto do salão. Alguém pede uma informação e, depois, quando olha de novo, o táxi só tem dois homens além do motorista. Um homem de barba entra com uma sacola comprida e cheia dumas coisas que até podem ser armas. Será mesmo um assalto? Nessa dúvida, passam de cinco a dez minutos e, então, quando vai atender duas moças que pedem informação, leva um tiro no lado direito do abdome e tem o cinturão arrancado com tanta força que rodopia e cai sentado. Em seguida, ouve mais dois tiros e se arrasta para deitar num canto, pensando que o assalto será rápido e, se fica na porta, pode acabar pisado.

Os outros tiros são para o alto. Moreno dá voz de assalto e manda todo mundo deitar. O nº 6 entra quando os outros já enfiam capuzes ou se mascaram com lenços, Moreno com uma máscara de motociclista, buracos só nos olhos e na boca. Ficam cada um num ponto de visão, de modo a dominar todas as áreas do salão; sem falar, eficientes como um comando militar. Moreno apenas aponta, obedecem.

Dois passam sobre o corpo do guarda baleado, ao pé da escada ao lado dos elevadores já parados. A meio caminho, rendem um guarda que desce do pavimento superior. Agora, a quadrilha tem mais quatro revólveres .32 – e também, já, uma viatura da PM na porta. Mas não parecem ter medo, muito menos pressa. Moreno grita:

– Ô guarda, me traz aquela sacola!

Ferido, o guarda vai levar até o centro do salão a sacola com as armas longas, depois volta a deitar lá no seu canto. Moreno dá a escopeta ao Barba, o rifle ao nº 3 e nenhuma importância aos PMs que espiam lá fora. Percorre o salão perguntando pelo gerente, com cuidado para não pisar em tanta gente apavorada, alguns com relógios de pulso "chacoalhando de medo", outros suando no ar-condicionado.

O gerente não se apresenta, também deitado de cara no chão. Moreno então começa a gritar, mas ainda com a polidez de sempre:

– Hem, gente? Por favor, por gentileza, vamos colaborar: quem é o gerente? Cadê o gerente, por favor?!

Cinco, dez minutos, quinze. Ninguém sabe direito quanto tempo se passa: o pavor é demais para olhar no relógio. Ouve-se rezas sussurradas. Celulites tremem. Uma senhora toma coragem e puxa uma reza em voz alta, enquanto mais viaturas encostam lá fora. Moreno, a voz polida de sempre, grita pelo amor de Deus pelo gerente, até que vê lá fora policiais já com armas longas e decide:

– Muito bem. Alguém sabe o telefone do comandante da Polícia Militar?

Só ele anda pelo salão, os outros parados em suas posições. O Barba discute em voz baixa, áspero, quando ele passa perto, cada vez mais nervoso: como é possível ninguém saber o telefone do comandante da Polícia Militar?

– Assim não dá, pessoal, vamos colaborar ou vou ter de tomar alguma providência. A senhora pode rezar um pouquinho mais baixo?

Lá fora, os policiais se trombam, arriscam espiar pelos vidros da fachada, com aproximações cautelosas e corridas ligeiras.

Então toca o telefone. Moreno atende.

– Aqui é a polícia. Queremos falar com o chefe da quadrilha.

– Pois não, pode falar comigo. Mas eu quero falar é com o comandante da Polícia Militar. Tem o telefone dele? Um policial rabisca num papel e passa por baixo da porta o número do telefone do 5º Batalhão da Polícia Militar. Novamente o guarda baleado é escolhido:

– Guarda! Vai lá pegar o bilhete, por favor.

Só aí Moreno percebe:

– Tá ferido? Por que não falou? Mas quem atirou em você?

– Vou saber? Quando vi, já estava assim. Só sei que era um baixinho.

No hospital, tirarão de perto da espinha uma bala .22. No momento, Moreno sente "um clarão na cabeça, feito uma marretada": vê que tudo vai depender dele para que ninguém mais saia ferido, para deixar tanta gente tranquila, para negociar uma saída com vida. Tem "vontade de sumir", mas tem também de tomar decisões e depressa. A primeira é mandar o guarda sair.

Já com câmeras e microfones lá fora, o guarda sai de mão na barriga, sem cinturão, curvado e arrastando passos miúdos.

Acabou a hora do pavor, vai começar outra hora; até porque vai entrar no banco um borlantim, que é como chamavam antigamente, no Rio Grande do Sul, o passista que ia abrindo caminho para os primeiros blocos carnavalescos.

As três grávidas

O repórter policial Paulo Ubiratan, da Folha de Londrina, é gaúcho e tem filhos. Assim que chega na frente do banco, fica pensando no que diz um cidadão de meia-idade:

– Minha mulher está lá dentro, grávida, e acho que esta é a última oportunidade da gente ter um filho. Mas nessa situação ela pode até abortar!

Ubiratan diz que está com vontade de entrar lá. O cidadão agarra o braço do repórter:

– Então anota o nome dela, por favor, peça pra deixarem sair pelo amor de Deus!

Ubiratan vai até o telefone da central de comando policial, instalada num escritório defronte, e novamente Moreno atende no banco. Ubiratan, pensando que tem na outra ponta da linha um bandidaço, usa linguagem apropriada:

– Ô malandro, eu sou repórter policial, carrapicho de polícia, sacou? Quero dar um chego aí, se tu me garante. Não vou melar teu negócio. Pode ser?

Um cidadão respeitoso e formal responde:

– Pois não, meu senhor. Se vem em paz, faça o favor. É meu convidado.

Ubiratan desliga o telefone, já aparecem mais dois maridos de grávidas presas lá. Ele anota os nomes na palma da mão, duas são Maria, e segue o conselho dos policiais: tirar a camisa e o inseparável boné, para verem logo que não leva qualquer arma. Os policiais temem o início de qualquer atrito:

– Se começa um tiroteio com tanta gente no meio, vamos acabar empilhando cadáveres nesse banco. Toma cuidado, Ubiratan, vê lá o que vai fazer!

O repórter empurra a porta automática e recebe o bafo frio do ar-condicionado. Leva um susto ao ver tanta gente deitada, só aí sente a dimensão do impasse, e logo topa com Moreno – que pede a identidade de repórter.

Enquanto Moreno examina a carteirinha, Ubiratan olha aquela gente e lembra duma cena de pânico que presenciou num elevador:

– Eram três mulheres com crianças, uma grávida, e quando o elevador parou e a luz apagou, ela começou a arfar, gemer, gritar, me agarrando enquanto as outras também entravam em histeria, as crianças chorando e o elevador chacoalhando. Tive que dar um tapa nela pra controlar a situação.

Agora Ubiratan vê as centenas de pessoas deitadas, suando de pavor no ar-condicionado, e pensa nas consequências de um pânico coletivo. A escopeta do Barba é calibre 12, cano curto: em 40 metros de trajetória possível no salão, a carga de chumbo abrirá a ponto de atingir várias pessoas. Cada assaltante tem agora mais de um revólver, sem contar que o fogo policial dirigido de fora, convergindo em leque para o salão, pode causar um massacre. Além disso, a fachada certamente despencará, muita gente correrá para fora passando por uma cascata de vidro, chumbo, vidro, pânico, atropelo. Ubiratan pensa em prevenir Moreno.

Não é preciso: a primeira coisa que Moreno fala, depois de examinar bem a carteirinha, é que está chateado com o ferimento do guarda, e que não haverá mais tiros, não querem machucar ninguém.

– Então me deixe tirar três mulheres grávidas, se não quiser um aborto já-já.

– Antes, escute o que eu quero.

A voz de Moreno é suave e fala como quem pede um copo d'água:

– Trinta milhões e um ônibus com vidros fumê. Depois vemos a situação dessas grávidas.

Ubiratan vai saindo, pede a Moreno para, pelo menos, deixar as pessoas sentarem:

– É desumano ficarem assim de cara pro chão.

Moreno concorda, avisa em voz alta que podem se sentar e, saindo, o repórter vê uma senhora quase em pânico, suando aos borbotões, os lábios tremendo e apertando as mãos. Chega perto dela e sussurra:

– Desmaia.

– O quê?! – a mulher grita assustada.

– (Em voz alta:) Fique tranquila, tudo vai acabar bem. (Sussurrando:) Desmaia que eu levo pra fora!

A mulher desaba. Ele bota nos ombros, fala a Moreno que ela tem de sair, Moreno concorda distraído. Ubiratan sai com a mulher nos ombros e, mal bota os pés na calçada, ela quer andar pelas próprias pernas.

– Negativo, minha santa, fica aí que ele está vendo de lá!

Cenas assim se sucederão toda a tarde. Saem as grávidas, as crianças, os velhos, todos que podem trazer mais problemas que vantagens para os assaltantes – embora alguns velhos, convidados a sair, insistam em ficar "para ver no que vai dar isso".

O técnico de basquete Jaime Diniz, o Brandão, muito conhecido na cidade, finge um piripaque, arfando e se abanando.

– Tenho pressão alta, estou me sentindo muito mal!

– Então pode sair, meu irmão.

Lá fora, câmeras e armas apontam. Brandão fecha os olhos, empurra a porta e, quando vê, está dando entrevistas a repórteres no meio da multidão. Logo mais gente vai saindo e os repórteres enjoam de ouvir a mesma coisa: todos só sabem dizer que o chefe da quadrilha é moreno, e é então que ele ganha o apelido. A polícia já tem ordem, da Secretaria de Segurança, para não atirar nem tomar iniciativa, e a tensão começa a relaxar, tudo vai ficando familiar.

– Que a senhora achou do Moreno? – perguntam os repórteres.

– Parece muito educado – respondem – Um moço assim não devia ser assaltante.

E, enquanto sai gente pela frente, por trás entram homens cuja profissão, advocacia criminal ou plícia, só existe porque existe crimes.

Conversando se assalta

Um caixa, que irá ser refém no ônibus, reconhece a voz de clarim que entra gritando pela porta dos fundos:

– Não atirem pelo amor de Deus, sou advogado, quero só ajudar, vamos conversar pelo amor de Deus!

Hamilton Laertes de Araújo – evangelicamente "confiante em Deus, como sempre, principalmente quando é preciso" – dá de cara com a escopeta do Barba, recebe ordem de levantar a camisa. Mostra que não está armado e vê logo que o homem para conversar é Moreno. Parecem todos muito profissionais, mas, em poucos minutos, o advogado desconfia que não são assaltantes comuns. Tenta dissuadir Moreno:

– Sou "bota fora", fui advogado de porta de cadeia muito tempo, meu amigo, e está na cara que vocês estão numa grande fria! Baixa as armas, deixa a polícia entrar que vocês levam muito menos cana!

Moreno simplesmente pede a identidade profissional do advogado. Laertes se apalpa, diabo, deixou em casa!

– Você vai ter de acreditar em mim – e liga para a mulher, pede a carteira da Ordem dos Advogados. Moreno faz questão de pegar o fone, fala com ela e depois liga de novo para confirmar. A partir daí, confia que Laertes não é policial e deixa que fique à vontade. O advogado sobe para a gerência regional, no último pavimento, levando a informação de que Moreno quer 30 milhões. Lá embaixo, o repórter entra e sai levando bilhetes que Moreno escreve numa caligrafia caprichada, com serifas e enfeites. Quer as cartucheiras de munição deixadas no táxi – e onde está o coronel da PM e o delegado da Polícia?

Estão no estacionamento, nos fundos, trocando poucas palavras:

– Eles querem o senhor, coronel.

– Pois é, delegado, vou entrar.

O delegado Wanderci Corral Fernandes tem unhas manicuradas, anda sempre elegante e tem na sua sala metade da população vegetal da Delegacia de Londrina: duas samambaias; e na parede, um escudo do Corinthians e num canto uma carabina. É delegado que gosta de sair para diligências, levando na mão o cinturão da pistola. Sem pensar duas vezes, decide acompanhar o coronel.

O capitão Pedro Marcondes, da PM, também resolve ir com o comandante – e, com o advogado que acaba de sair, marcham pelo estacionamento. Ao entrar, veem na parede um cartaz de propaganda do banco: Não deixe a peteca cair!

Enquanto eles entram, duas dezenas de pessoas escapam dos pavimentos superiores, pelas janelas dos fundos. Ao chegarem a Moreno, os militares e o delegado se surpreendem com a polidez do homem.

– Boa tarde, senhores, vamos conversar? Conversando a gente se entende.

– Tomara.

– Mas claro, coronel, somos todos gente civilizada, não é?

E aponta uma cadeira com a pistola:

– Não quer sentar?

Os militares mal conseguem acreditar, o homem parece estar na sua sala de visitas, se não fossem os homens mascarados e armados impassíveis nos seus postos.

Um plano nacional

Lá fora vai juntando mais gente e chegam mais policiais – da PM, da Civil e da Federal, até somarem mais de 200, rigorosamente divididos em três opiniões:

- De acordo com atender as exigências
- A favor de invadir o banco e liquidar os assaltantes
- Sem opinião e só esperando ordens.

Um escrivão veterano observa que, tanto uns como outros, ficam fazendo cena para a imprensa. Aparece uma câmera, fazem pose com as armas, depois ficam zanzando sem comando:

– Pois não estão lá dentro o comandante da Militar e o delegado da Civil?

Todos os policiais, porém, concordam num ponto: é uma quadrilha muito audaciosa. Além disso, estão bem armados – e o repórter traz a informação de que Moreno fala contra o Governo e diz só assaltar bancos do Estado. Será um grupo guerrilheiro? Os repórteres de rádio até já conjecturam se o assalto não é parte de um plano nacional para desestabilizar o Governo. Pois o que pretendem assaltantes tão atípicos? É um assalto totalmente diferente – e, portanto, claro que não querem só dinheiro! Talvez o objetivo seja até desmoralizar a polícia. Então o Exército terá de entrar na história e os assaltantes se mostrarão oficiais, darão ordens à tropa e começará uma rebelião militar nacional! A imaginação ferve nos microfones.

– Militares. Só podem ser militares altamente treinados!

Por via das dúvidas, os policiais se protegem atrás dos carros. Há até quem diga que por trás de tudo está o dedo do Capitão Valther, que semanas antes, no comando de uma pequena tropa, invadiu a Prefeitura de Apucarana, cidade vizinha, para protestar contra os baixos salários militares.

No banco, a quadrilha está tão indiferente aos boatos que começam a tomar uísque.

A hora do piquenique

O comportamento da quadrilha dá mesmo muito que pensar. Não têm pressa. Não apontam as armas para as pessoas. São respeitosos na linguagem e nos modos, menos o Barba, sempre um tanto ríspido. Se algum põe o dedo no gatilho, Moreno – sempre rondando – adverte:

– Tira o dedo daí, cuidado, já chega o tiro no guarda!

O coronel e o delegado aprovam, e a gente apavorada vai relaxando, embora alguns continuem de cara no chão até a saída dos assaltantes, horas depois! Mas a maioria já arrisca mudar de posição, trocar olhares e sussurros. Um senhor de idade, acompanhado duma moça, contribui para aliviar o ambiente:

– Eu já não sou moço, seu Moreno, me deixe sair por favor.

– Pode sair, vovô, e leve sua filha.

– Não é minha filha, pô, é minha mulher.

Ouvem-se as primeiras risadas. Já há até quem tente se aproveitar da situação:

– Ô seu assaltante, por favor – ouve-se uma voz de moça – olha esse cara aqui encostando em mim!

O assaltante vai lá, manda o cidadão desencostar da moça.

Um boy está deitado abraçando uma valise.

– Que isso, meu filho?

– Tem dinheiro da empresa aí, mas se o senhor levar eu posso até perder o emprego!

Moreno dá 2.000 cruzados ao rapaz.

– Não se preocupe em devolver. O que a gente levar hoje, o banco ganha de novo amanhã.

O advogado, o repórter e o delegado insistem com Moreno para libertar mais gente, e ele vai concordando. Acha um litro de Old Parr numa escrivaninha de gerente, e bebe com os companheiros em copinhos de café. Oferece e algumas pessoas aceitam.

– Aceito por duas razões – explica um cliente – Primeiro, para vocês não beberem demais. Segundo, porque não é todo dia que a gente ganha alguma coisa num banco, não é?

O assaltante nº 2 chega a tirar o capuz para beber. Moreno chama o repórter e aponta o telhado do prédio em frente:

– Diz pra polícia que quero aquela metralhadora.

– Ô, meu caro, aquilo é uma câmera fotográfica com teleobjetiva.

O repórter aproveita para convencer Moreno de que as chances de fuga são muito pequenas, mas ele nem liga. Está gostando do poder de decidir quem pode ou não pode sair, embora o Barba insista que não devem libertar mais ninguém.

Uma voz arrisca:

– O aperitivo foi bom, mas e a comida? Se a gente vai ficar mais tempo aqui, é bom lembrar que estamos sem almoço!

Moreno concorda, "o povo tem de comer". Chama o advogado:

– Vai lá fora, traz lanche pra gente.

– Mas eu estou duro!

Moreno também tem pouco dinheiro nos bolsos, mas alguém lembra:

– Pega do banco, ué!

Maços de notas estão empilhados no balcão, Moreno dá três ao advogado, que sai enquanto alguém lembra alto:

– Traz leite também, que eu tenho úlcera!

Lá fora, o dinheiro acaba nas mãos do radialista Ricardo Spinosa, cujo sucesso é um programa chamado Pela Porta da Cozinha. Ele corre a comprar todos os salgados dos bares da vizinhança.

O pessoal da Defesa Civil está com um posto de emergência num restaurante vegetariano ao lado do banco. O coordenador, Wilson Battini, é diretor da Administração dos Cemitérios e Serviços Funerários da cidade e chefia médicos e psiquiatras prontos para atendimento de urgência. E fica surpreso ao ver que montou o posto no lugar certo: quem sai do banco quer mais é comer!

O medo e a tensão nervosa causam hipoglicemia, e as pessoas saem pedindo comida, comida. Durante toda a tarde, são servidas 82 refeições e 100 litros de suco açucarado. Depois que comem vorazmente, as pessoas ficam paradas, olhar perdido, numa espécie de catatonia. Algumas choram. Outras saem andando de olhos parados, como sonâmbulas, ainda não acreditando que estão fora do pesadelo – embora, no banco, o clima já seja de piquenique.

Depois dos salgados com leite ou iogurte, muita gente pensa ao mesmo tempo na mesma coisa, até que alguém ergue o braço apontando o sanitário:

– Pode ir?

– Um de cada vez.

No sanitário, deparam com dezenas de pessoas, que se enfiaram ali logo no começo do assalto.

No salão, uma velhinha toma coragem e reclama em voz alta que não é justo levarem sua aposentadoria! Moreno pergunta quanto é, ela conta e ele fala que é uma micharia.

– Como que pode alguém viver só com isso? Não queremos seu dinheiro não, vovó. Por mim todo mundo devia ganhar muito mais!

E dá alguns maços de dinheiro, "um ano de aposentadoria pra senhora, quem trabalhou merece".

O DISCURSO

Quem sai conta isso lá fora e reforça a opinião de que a quadrilha só pode mesmo ser um grupo político. Terão recebido treinamento militar? Enfrentar um bandido assustado é uma coisa; um militar frio e bem preparado é outra bem diferente. Por via das dúvidas, melhor mesmo é deixar tudo como está.

Desconfiado de que os policiais estão quietos demais, Moreno sobe aos pavimentos superiores, temeroso de invasão pelas janelas. Depara-se com meia centena de pessoas esperando sentadas no auditório. Mascarado, pistola em punho, faz um pequeno discurso:

— Fiquem tranquilos, não queremos causar mal nenhum a vocês. Estou vendo que a maioria é de trabalhadores como nós. Só queremos tirar do Estado um pouco do dinheiro que roubam da gente. Queremos viver decentemente, só isso, e o único jeito do trabalhador viver melhor, neste país, é assaltando! O senhor mesmo aí, tio, quanto o senhor ganha por mês?

O cidadão diz que ganha salário-mínimo.

— E como é que pode alguém viver com isso?! — Moreno continua o discurso. — Mas os políticos vivem em palácios lá em Brasília, na mordomia, esbanjando a vida inteira. Agora, assalto pra mostrar a vocês que este é o único jeito! O povo tem de acordar!

Lá fora, ao saber disso, os repórteres se assanham mais ainda — e dois resolvem entrar de qualquer jeito. Seguindo o exemplo de seu colega de Recife, que fez semanas antes o que Ubiratan já está fazendo, uma repórter da TV Globo empurra a porta e entra no banco, microfone em punho e um radialista atrás. Moreno vê que, se deixar, logo entrarão também as câmeras — e reage, apontando a arma. Perde a calma pela primeira vez. O delegado ajeita a situação, pedindo a ele para baixar a arma e aos repórteres para saírem.

Mas lá fora a imprensa continua em tumulto diante da porta, já sem qualquer receio, câmeras e microfones ameaçando a todo momento invadir o banco. O Barba discute com Moreno, acha que devem atirar na perna de um repórter, "pra dar exemplo". O delegado sai para pedir que a polícia afaste o pessoal. Policiais e repórteres trocam empurrões.

Mas, já no meio da tarde, o Barba fica menos irritado: as pilhas de dinheiro crescem no balcão.

Mais grana, mais grana!

José Cotelo, aos 49 anos, é um bom garfo, e seu único esporte é uma cervejinha de vez em quando — mas perde alguns quilos durante a tarde. Gerente de outra agência do Banestado na avenida, logo no começo do assalto, ao saber que Moreno pergunta pelo gerente, resolve ir para a agência regional. Entra de braços para o alto, apresenta-se e vai logo ao assunto:

— Se é dinheiro que querem, diga quanto e vamos providenciar.

— Já disse: trinta milhões.

— Não sei se vamos ter tudo isso.

— Não temos pressa, vocês arranjam.

Isto, pouco depois do meio-dia, assim que entram os militares e o delegado. A agência teria os 30 milhões, se a quadrilha não tivesse assaltado tão cedo: o carro-forte com o carregamento do dia chegou logo depois e voltou para o Banco do Brasil. De qualquer forma, Cotelo vê que Moreno dá as costas e vai fazer mais uma ronda pelo salão, deixando claro que não quer mais conversa.

Cotelo sobe até o último pavimento, conversa com o gerente regional, que já está em contato permanente com a diretoria do banco e a Secretaria da Segurança, em Curitiba. As ordens são para atender os assaltantes, mas ganhando tempo e, se possível, também dinheiro: talvez, com o tempo, deixem por menos, não?

Cotelo liga para a tesouraria, nos fundos — que podia ser assaltada com muito mais tranquilidade e menos espalhafato. Lá, uma dezena de funcionários só esperam pela ordem que ele dá:

— Abram os cofres e vão embora.

Antes, cumprindo ordens ou por conta própria, os tesoureiros escondem nas escrivaninhas o dinheiro grosso. Cotelo desce para o salão, pensando que pelo menos um dos assaltantes irá com ele aos cofres, mas Moreno sempre surpreende:

— O senhor vai com o coronel, por favor. Confio nos senhores.

Os dois vão lá e enchem um malote com 3 milhões em notas de 100 e 2 milhões em notas de 500 e 1.000 cruzados — o que já leva a supor que, nas escrivaninhas, pode estar dinheiro suficiente para cobrir ou chegar perto dos 30 milhões. De qualquer modo, Moreno continua sem qualquer pressa e muito menos intenção de deixar por menos:

— Só isso?

Cotelo e o coronel pegam um em cada alça do malote estufado.

— Só?! É tudo que a agência tem! O carro-forte não chegou.

— Sinto muito, meu senhor, mas nós queremos 30 milhões e só vamos sair daqui com 30 milhões. O senhor disse que providenciava, pois então providencie.

José Cotelo olha para a escada. Até o pavimento da gerência são seis lances com 77 degraus, e já subiu uma vez. Mal sabe que, ao fim da tarde, terá subido e descido vinte vezes! Mas se consola trazendo, a cada vez que desce, um grupo de mulheres e velhos para sair.

O gerente regional, Elias Marcondes Batista, já avô aos 41 anos, obedece à orientação de ganhar tempo. De onde está, vê atiradores nos telhados dos sobrados em frente. Alguém, com revólver, mostra como é fácil alvejar um dos assaltantes lá embaixo, através das frisas laterais. Mas não: evangélico, Elias acha melhor entregar tudo nas mãos de Deus:

— Do jeito que está, se cair um vaso pode começar um pandemônio. Pede a Cotelo para continuar negociando.

— Moreno — Cotelo desce ofegante —, vou lá na minha agência pegar mais dinheiro.

— Faça o favor.

Cotelo sai, sem ao menos sonhar com o que vai ver lá fora.

— Parece a Marquês de Sapucaí na terça de Carnaval — fala aos policiais que ajudam a varar a multidão.

Tem gente trepada até em postes. Vaias, assobios, piadas, apitos, palmas, janelas cheias, atiradores em desfile, sorveteiros felizes, fios de microfone por todo canto, câmeras trombando. Ele vara a multidão, levando vinte minutos para as três quadras até sua agência, onde vê que o dinheiro só dará para o movimento do dia. O remédio é recorrer à reserva do Banco Central, que todo banco tem sob custódia do Banco do Brasil, a meio caminho entre as duas agências do Banestado, e lá vai Cotelo.

Pega 3 milhões em poucas notas de 1.000 e muitas de 100 e 500, para fazer peso e volume. Os malotes vão numa viatura, passando por peripécias até chegar à porta do Banestado. Com isso, espera-se que Moreno fique satisfeito, a não ser que queira passar a tarde assaltando. Mas, na sua camisa branca, com calças negras bem vincadas e pistola em punho, ele simplesmente pede ao coronel para contar o dinheiro, depois continua exigindo:

— Ainda falta muito. Só saímos com 30 milhões, já falei.

— Mas, Moreno, meu amigo — Cotelo já toma intimidade, pega no braço do homem —, o seu assalto fechou todos os bancos, a cidade está parada! Onde vou arranjar 30 milhões?!

Cotelo fala e pensa em morder a língua: e se Moreno lembra do Banco do Brasil? Lá, somadas as reservas de todos os bancos, estão muito mais que os 30 milhões apenas em notas de 1.000! — e ainda com tantos reféns, a quadrilha pode pedir o que quiser. Mas Moreno continua insistindo nos 30 milhões, nem que demore o dia todo.

— Dá um jeito, se vira, meu senhor. Liga pro governador. De lá aqui, de avião é um pulo: pede pra mandarem de lá!

E novamente dá as costas, vai falar com um ou outro da quadrilha, autorizar a saída de mais gente ou tomar mais um iogurte. Cotelo sobe de novo para conversar com o gerente, que conversa com Curitiba; depois Cotelo desce, diz a Moreno que vão buscar mais dinheiro numa cidade vizinha, e volta a subir para ganhar mais tempo, torna a descer.

Sai de novo para o Banco do Brasil. A multidão, já sabendo qual é sua missão, grita quando ele passa:

— Mais grana, mais grana!

Cotelo pega mais 3 milhões no Banco do Brasil, enquanto Moreno dispensa um micro-ônibus de vidros fumê. Radialistas aposentados, alcaguetes eventuais, autoridades de repente e todo tipo de palpiteiros falam na cabeça dos policiais — até que alguém lembra:

— Ônibus com vidro fumê, quem tem é o Calixto.

O médico do Banco de Sangue é fanático por pescaria e tem um ônibus adaptado e equipado, enfim, o veículo ideal para o caso. Quando Cotelo volta ao banco, o ônibus já está ali. O coronel conta o dinheiro, soma 11 milhões.

— Agora está bom, né, Moreno?

— Negativo, 11 não é 30.

Cotelo sobe escada, desce escada.

— Moreno, se você quiser, a gente rapa os bancos todos, mas é muito dinheiro miúdo! Hoje em dia, todo mundo só usa cheque. Aí vocês não vão mais precisar de um ônibus, mas de um caminhão!

— Problema nosso. O problema do senhor é arranjar 30 milhões, nem um tostão a menos. Nós não fizemos este assalto pra aceitar pechincha, ainda não perceberam?

Cotelo sobe, desce, sai para outra visita ao Banco do Brasil, onde o pessoal da Tesouraria se diverte:

— Que vai ser agora? Um milhão em notas de 50 e o resto em moedas de 5?

— Não, o de sempre.

E volta com mais 3 milhões, que somam 14. Mesmo arfando para carregar os malotes com a ajuda da escolta, não pode deixar de olhar um pouco o espetáculo da rua.

A festa

É uma festa e é de graça.

O motorista Armando, ao sair correndo do táxi, levou as chaves e sumiu. Agora, uma dúzia de PMs tenta arrastar o carro a muque, e o povo vaia, pipocam piadas, os policiais se irritam, o povo ri.

Um cidadão faz um discurso contra o Governo, leva pau da polícia, que leva mais vaia do povo.

Um andaime lotado desaba numa construção da esquina, com gemidos e gritos, e o povo também grira, riem, uivam, é o delírio.

Rachid Zabian, dono da construção, tem meia dúzia de lojas de confecções na cidade. Um Gordini, caindo aos pedaços, vara a multidão e para ali na esquina — com duas caixas de som na capota e um microfone. Rachid, ainda na faixa dos 20 anos, tornou-se o maior anunciante da cidade, alardeando liquidações em horário nobre e revolucionando o varejo. Não tem dúvidas: aluga o microfone e começa a locutar:

— Atenção, gente, é uma situação dramática, pode virar uma tragédia! Vamos colaborar, abrir espaço para a polícia e a imprensa — e, logo em seguida, gente, vamos aproveitar os preços e a qualidade do Plaza Magazin, ou a liquidação da Zona Franca logo ali na praça, vamos lá! Vamos fazer uma contagem regressiva: vou começar a contar em 100 e, quando chegar a zero, todo mundo vai pra casa! Cem, 99, 98...

A massa conta junto em voz alta. Quando chegam a zero, o coro atraiu mais gente e Cotelo custa a abrir caminho com os malotes cheios:

— Mais grana, mais grana! — grita a multidão.

Avião, não!

Então a quadrilha já recebeu da polícia mais armas: duas pistolas 7.65 com munição e mais munição .38, mais cinturões para os cartuchos, além de dois binóculos de longo alcance — para ver se serão seguidos na estrada. Também mais salgados, água, leite e chocolate no ônibus, para a viagem.

Dois aviões são oferecidos para a fuga, pequenos — para evitar que levem muitos reféns. Mas Moreno é seco:

— Avião, não!

Por isso, discute com o n° 2 — uma discussão tensa, em voz baixa num canto:

— De avião a gente desce onde quiser num instante.

— E se sabotam o avião?

— E o ônibus também não podem sabotar?

— No ônibus a gente está no chão.

— Mas se o avião cai, o piloto vai junto, ué. Que piloto vai querer morrer?

— Podem botar um bip no avião, vão saber logo onde aterrissou!

— E no ônibus também não? E avião vai longe, a gente já desce no Paraguai, pronto.

— Não, avião não e chega!

Moreno tem suas razões.

Além disso, ainda faltam 16 milhões: com a última remessa de Cotelo, a soma fica em apenas 14. E eis que Moreno desconfia duma invasão policial nos pavimentos superiores, e sobe a escada — com Cotelo, claro, que vai abraçando o assaltante pelos ombros:

— Compreenda, Moreno, agora só se a gente pedir mais dinheiro a Curitiba mesmo.

— Problema de vocês. Quando escurecer, quero os 30 na mão ou então a coisa vai piorar, aí não posso mais me responsabilizar pelo meu pessoal. Já estou quase perdendo a paciência, meu senhor!

Depois torna a descer, satisfeito com a segurança, mas irritado com a demora pelo dinheiro:

— Veja os 30 loguinho — e aponta o Barba —, senão ele perde a paciência e daí...

O Barba é o único sem máscara, um chapéu de palha enterrado até os olhos, sempre ríspido quando encarado por alguém:

— Tá olhando o que? Quer uma bala no meio dos olhos?!

Cotelo ainda tenta:

— Mas, Moreno, aí nesse balcão tem 14 milhões, um grande prêmio da loteria!

— Mas a gente merece mais. O senhor tem mais uma hora, no máximo.

Cotelo sobe, desce, sai — e volta logo, com 16 milhões em apenas dois malotes só de notas graúdas. Mas Moreno se desconfia que até agora estava sendo enrolado, nada fala, só fica satisfeito ao fim da contagem. Manda a quadrilha limpar os caixas. Não arrombam as gavetas chaveadas pelos caixas que saíram para o almoço.

A bolada final soma 31 milhões e 540 mil cruzados. Na cotação oficial do dia, para compra, quase meio milhão de dólares (dólar a 66 cruzados).

Enfiam tudo em malotes, quase 300 quilos de dinheiro.

José Cotelo sobe a escada pela última vez, e o gerente regional pede que não desça mais. Ele deita num sofá, fecha os olhos e continua vendo escadas. Lá embaixo, as pessoas também fecham os olhos para não ver o dedo de Moreno apontando:

— Você.

Você, você, você

Agora só falta escolher os reféns que irão no ônibus.

Alguns já sabem que irão: o coronel, o capitão, o delegado, o repórter, o advogado. Moreno quer também gente do banco. Gil Cardoso de Almeida, coordenador do Crédito Rural num pavimento superior, faz mais de hora que desce e sobe, ajudando Cotelo a tirar gente da agência. A certa altura, Moreno mandou que fique no salão. Agora, se dirige a ele com a gentileza de sempre:

— O senhor poderia ir conosco?

Mais da metade das pessoas já foram liberadas. Moreno olha pelo salão: gente se enfia embaixo das escrivaninhas, olham para o chão, fecham os olhos; alguns voltam a tremer como no começo do assalto, mulheres choram baixinho. Alguém, com radinho baixinho no ouvido, diz a Moreno que, lá fora, um boy diz às rádios que deixou o relógio num cesto de lixo e tem receio de não recuperar mais tarde.

— Então digam pro menino vir buscar o relógio.

O boy volta ao salão, cata o relógio e sai. Moreno continua escolhendo reféns e aponta para outro boy, Gedson Luís de Barros Vieira, 16 anos, um envelope de documentos debaixo do braço, de que não largará um só minuto durante a viagem.

O cidadão Cláudio Marinoni está num canto quando Moreno pede um padre. Alguém aponta:

— Aquele ali é padre, ó.

Marinoni confirma e entrega a sorte a Deus. Passará todo o tempo no ônibus sem falar nada, concentrado como quem reza.

Edeval Moreno Milani, caixa, já perdeu 5 mil cruzados: visou e enfiou na gaveta o cheque de um sobrinho, deixando para pegar o dinheiro na saída, agora já recolhido pelos assaltantes. Estava irritado quando Moreno pediu as chaves das gavetas fechadas:

— O pessoal foi almoçar, levaram as chaves, né? Cada um fica responsável pelo seu caixa, e com isso até já perdi dinheiro!

Moreno gostou do atrevimento do homem e agora aponta:

— Você.

Edeval dá de ombros:

— Fazer o que? Você manda, né?...

Moreno encara uma funcionária, Nadir Del Vecchio, e ela adivinha:

— Está bem, eu vou.

Várias funcionárias choram — e Eiko Aparecida Yamashise, ao ser escolhida, não consegue dar um passo. O n° 3 pega na mão dela, prometendo que não sofrerão nada. Ela sente sinceridade na voz dele e aceita — mas precisa se esforçar para dar o primeiro passo. As armas estão ali, bem reais, de perto maiores ainda, canos escuros, empunhadas por homens mascarados — e se a polícia atirar, vão ficar entre dois fogos lá fora.

— Você.

Outra funcionária desata a chorar ao ser escolhida, implora, diz que tem filhos pequenos. Maria Helena de Sá, a Leninha, também tem uma filha, mas se adianta:

— Moreno, você é meu amigo?

— Sou.

— Do coração?

— Do coração.

— Até o fundo da terra?

— Até o fundo da terra.

— Então eu vou no lugar dela.

Ainda são escolhidos mais um advogado, Sétimo Pierotti, e um vendedor comercial, Benedito Marcelino Machado, cujo conhecimento das estradas regionais será muito útil. Catorze reféns, contando com o motorista do ônibus, que espera lá fora como "convidado especial", já que poderia recusar o convite feito por Moreno através do repórter.

Obedecendo ordens, a polícia já se retirou para a delegacia e o quartel, só ficam os bombeiros contendo a multidão lá fora.

O povo adivinha que está chegando o momento da saída. Um silêncio nervoso paira na avenida. O motorista está ao volante. De repente, um tiro! A multidão assusta. É só o escapamento do Gordini tossindo.

É quando aparece um Papai Noel com saco cheio de balas, quer passar pelo cordão de isolamento, os bombeiros não deixam. Ele começa a distribuir balas, dizendo que vai ficar de saco vazio para encher de dinheiro caso os assaltantes joguem para o povo.

Parece adivinhação: lá no banco, o n° 2 abre um dos malotes pensando a mesma coisa: se a polícia começar a atirar, jogará dinheiro para o ar.

A imprensa continua disputando aos empurrões espaço na calçada em frente ao banco. O delegado sai e dá um recado claro: se continuarem ali complicando a situação, vão levar bala dos assaltantes. A massa recua para a calçada defronte.

As teleobjetivas e as câmeras estão prontas. Mas Moreno ainda não.

Entrevista exclusiva

Antes de saírem, Moreno concorda em dar uma entrevista ao repórter Ubiratan. Já de pé no salão, os reféns observam melhor o homem: um mulato claro de 1 metro e 70, troncudo conforme o jargão biométrico, o braço levantado sempre apontando a pistola só para cima, o microfone na outra mão, falando o que ficará gravado:

Ubiratan — Você diz que este assalto é também um fato político. Explique melhor.

Moreno — Tudo deve ser atribuído porque o nosso Governo... Está acontecendo que o Brasil, neste momento, está se virando de cabeça pra baixo. Nós, que somos pobres, temos que nos unir — certo? Já que somos brasileiros, temos que mandar esse pessoal que está nos fazendo de palhaço, que está nos humilhando...

Ubiratan — Você está se referindo ao Governo brasileiro?

Moreno — Sim. O Governo, acompanhado pelo presidente da República (...) mas de República não tem nada, porque a República somos nós, os brasileiros que passamos fome. (...)

Ubiratan — Há um plano de formação de guerrilha no Brasil?

Moreno — Não se trata de guerrilha, mas de formação de algo que temos em mente: trabalhar não adianta, e já que estamos aqui e vamos ser seguidos até, digamos, pelo resto da vida, vamos caminhar sempre adiante, até eles chegarem a nos tirar do rumo.

Ubiratan — Você pretende aplicar esse dinheiro em quê?

Moreno — (...) Esse dinheiro é para comprarmos armas, armas potentes, para começarmos o nosso caso próprio. E o culpado disso, eu friso, é o Governo e a burocracia do Brasil (...) A gasolina vai aumentar de novo, sendo que o produto é nosso. Isso, fora os menores abandonados e as pessoas que a gente vê deitadas pelas calçadas. Qual é o dever do Governo? Nós pagamos impostos, são arrecadados bilhões e bilhões, e dizem que gastaram mais dez vezes acima. O Estado, no Brasil em si, sempre está em dívidas, mas eles devem colocar na cabeça que nos roubam e mandam pra fora, porque eles são a lei. Eles é que regem as leis para eles.

Respondendo a outra pergunta, Moreno fala da polícia:

— Não temos nada contra a polícia, posso frisar isso. Sei que eles também não têm um salário lá muito satisfatório, não condiz com as horas e horas que eles têm que estar se preocupando com um e com outro, inclusive conosco agora.

E a respeito dos reféns:

— Se alguém nos prejudicar, vamos revidar. A segurança do pessoal naquele ônibus não vai depender de mim. Vai depender das autoridades.

Últimos passos

É hora dos últimos passos: sair do banco e entrar no ônibus. A criatividade de Moreno volta a funcionar: já pediu rolos de fita crepe, enquanto repórteres colocam mais comida, água e chocolate no ônibus. O delegado dá uma bronca na imprensa, para que deixem a avenida limpa. O ônibus fica numa clareira em frente ao banco, o povo aglomerado em volta, os vidros fumê refletindo a multidão em cada esquina.

No salão, Moreno continua escolhendo gente: você, você, você. Agora, é para amarrar uma dúzia de pessoas pelos pulsos, formando o cordão humano que servirá de escudo para assaltantes e reféns. O capitão Marcondes, encarregado da tarefa, aperta demais as tiras de fita crepe, Moreno manda afrouxar atendendo a pedidos, sempre magnânimo.

Um dos assaltantes pede o relógio e a camisa de um dos caixas, trocando pela sua, que rasga para fazer um capuz. Também troca os tênis pelos sapatos do caixa.

Examinam as armas, todos já perto da porta, onde são filmados através dos vidros. O delegado sai, dá mais uma bronca na imprensa, que se afasta. Moreno pede que os reféns peguem os malotes e comanda:

— Vamos lá, pessoal, devagar pra ninguém se machucar.

Abrem a porta e, da outra calçada, as câmeras filmam o cordão humano saindo devagar, passo a passo, os reféns e assaltantes no meio. Todos pisam com os dois pés em cada degrau da porta até a calçada, parece câmera lenta. Os pés mal levantam do chão, os olhos procuram atiradores nos prédios vizinhos, mas a polícia se retirou mesmo.

Um a um, reféns e assaltantes entram no ônibus. O último, com calças de camuflagem militar, bate continência à multidão que grita e aplaude.

— Joga um pouco pra gente! — alguém grita.

O assaltante sorri, a porta fecha. Ao volante, Luiz Augusto dos Santos, o Borracha, parte como para mais uma pescaria. Acena e buzina para os conhecidos. Gente corre atrás, carros e motos saem perseguindo o ônibus. Numa moto, um cidadão vai com duas crianças. Nas calçadas, as pessoas acenam, aplaudem. Parece uma festa — mas os assaltantes ficam nervosos com a perseguição da imprensa. Moreno previne os companheiros:

— Olho vivo. A polícia não está dormindo, e agora devem estar com muita raiva.

Ainda está claro. Se tivesse ficado no banco até a noite, a quadrilha teria uma surpresa: os vidros fumê, que dificultam a visão de fora durante o dia, à noite deixam uma visão plena do interior iluminado da agência.

De qualquer modo, saíram em tempo e agora, com os vidros fumê do ônibus, ali dentro já parece noite.

UMA LONGA NOITE

É a noite de um dia duro
Trabalhei feito um cão

(Lennon & McCartney)

Buscando caminho

É horário de verão, e a tarde demorará mais de duas horas para virar noite.

Ao entrar no ônibus, os assaltantes veem um facão, procuram outras armas deixadas pela polícia, mas acham só molinetes e tralha de pesca. Concluem que é apenas um facão de pescaria e se acalmam — mas por pouco tempo.

Uma comitiva de carros e motos continua seguindo o ônibus. Os carros da imprensa passam fotografando — já na Rua Quintino Bocaiúva, prócer da imprensa pré-republicana, a mais tradicional saída da cidade para o sul.

Os locutores conjeturam: para onde irá a quadrilha ao chegar ao trevo rodoviário? Curitiba ou São Paulo? Terão um esquema de fuga preparado, ajuda de mais gente, carros esperando em algum ponto? Talvez um helicóptero! Ou...

Enquanto isso, Borracha — impávido — dirige o ônibus para onde Moreno manda.

O problema é que Moreno não sabe para onde ir. Chegam ao trevo rodoviário, e ele manda seguir reto, em direção a Cambé, cidade vizinha a 10 quilômetros. No meio do caminho, manda retornar — e, do alto duma lombada, vê a fila de carros e motos subindo a colina.

Manda Borracha voltar e, de novo no trevo, pegam a rodovia para Assis, SP. Mas, chegando ao viaduto da Warta, um distrito de Londrina, tornam a retornar, pegando de novo o rumo da cidade. Os reféns cochicham: ou o homem é louco, ou um grande estrategista, ou, quem sabe, está perdido mesmo.

Moreno manda entrar num carreador, até uma plantação de soja no alto duma colina. Os reféns olham em volta enquanto Moreno desce sozinho. Ali seria então o encontro com o carro — ou carros — para a fuga. Mas não aparece carro algum. Será mesmo um helicóptero que resgatará a quadrilha? Mas pelo ar também nada aparece. Moreno, pistola em punho, anda pela plantação de soja, a própria imagem da liderança solitária. A soja ainda está nova, e ele agacha entre duas filas de plantinhas muito verdes, arranca uma folha, põe nos lábios. Quando volta ao ônibus, a criatividade voltou a funcionar, e ele tem um plano que cochicha a alguns dos companheiros. O Barba, irritado, vai para o fundo do ônibus, resmungando que devem atirar na imprensa se continuarem perseguindo.

Moreno manda seguir de novo em direção a Warta. No trevo para entrada no distrito, toda a imprensa espera em atropelo. O Barba engatilha a escopeta; os outros assaltantes também estão muito nervosos, e os reféns chegam a pedir:

— Atirem nos pneus se seguirem a gente!

O Barba:

— A gente tem é que meter bala em alguém pra dar exemplo!

Moreno acha melhor pedir ao repórter e ao coronel para avisarem ao pessoal:

— Olha, gente, se continuarem seguindo o ônibus — isto, dito aos berros no meio da estrada —, eles vão atirar em vocês!

Segue-se uma discussão dos repórteres com o representante do Sindicato dos Jornalistas. Alguns não querem desistir da perseguição.

— Pô, meu chefe ficava me perguntando por que eu não entrava no banco. Se eu desistir agora, me demite!

— Mas pra que perseguir?! O que vocês vão fotografar? Um ônibus rodando na estrada? Vão entrevistar como? Enfiando o microfone pela janela a 100 por hora?

Um fotógrafo lamenta através duma rádio:

— Pode ser a chance da minha vida, e não me deixam trabalhar!

Depois de muito bate-boca, todos concordam em desistir. O repórter e o coronel voltam ao ônibus, que toma o rumo de Bela Vista do Paraíso, cidade de muitos boias-frias — e muito conhecida de um dos assaltantes...

Um Passat está parado no acostamento. Da janela, Moreno dispara quatro tiros nos pneus, acerta só um.

– Ruim de pontaria, hein, compadre? – o repórter alfineta.

Moreno não liga, olha o relógio. Uma moto ainda segue o ônibus; ele manda parar depois duma curva, desce com o rifle e espera para emboscar — mas a moto volta antes da curva. Ele retorna ao ônibus e manda seguir. O advogado avisa às moças:

– Não tomem muita água, não sabemos onde vamos poder parar...

Moreno não perde a chance de mostrar cavalheirismo:

– Não tem problema. Se alguém precisar atender às necessidades fisiológicas, é só avisar que nós paramos.

Na estrada para Bela Vista, manda seguir para Sertanópolis, onde para mais alguns minutos, sempre olhando o relógio desde a parada no campo de soja. Ainda está bem claro. Aproveita para um breve discurso:

– Viram todo aquele pessoal nos aplaudindo? Ninguém está satisfeito com esse Governo, com essa vida. Gente tem mais é que assaltar!

E olha o relógio. Manda seguir. Parece estar matando tempo. Terá um encontro marcado em algum ponto?

Passam por fora de Sertanópolis por volta das 8 da noite. Serranópolis, Leópolis; chegam quase à entrada de Cornélio Procópio. Fazem a volta, vão até além de Serranópolis e retornam até Cornélio — Moreno sempre de olho no relógio, um ouvido no coronel, outro no delegado: *"Vai por ali, vai por lá, faz assim, faz assado..."* Até que ele corta os palpites:

– Chega, senão não consigo pensar direito!

Borracha só repete a mesma pergunta:

– Agora, pra onde?

De novo, voltam até Serranópolis. Então Moreno revela o plano: ir até o trevo de Uraí para pegarem um ônibus-leito da Viação Garcia com destino a São Paulo.

Passam por Rancho Alegre e chegam ao trevo de Uraí na BR-369.

Ordem de prisão

Ao lado do abrigo para passageiros, está uma Belina — e, em volta, PMs comandados por um capitão, alguns escondidos, as fardas azuis bem destacadas no verde. Moreno manda parar e focar luz alta nos homens, armados de revólveres e metralhadora. O coronel e o capitão vão até lá, enquanto os reféns temem o começo de um tiroteio. Mas só o coronel dispara — uma saraivada de palavras:

— Que é que estão pensando?! Quem mandou? Não sabem que existe um acordo ordenado pelo próprio secretário da segurança? Querem nos matar?! Se eu precisasse de homens, tenho duzentos à disposição no quartel!

E ordena a entrega das armas. Moreno já está junto e pega ligeiro a metralhadora. Em seguida, algemam os policiais uns aos outros. Outros assaltantes vêm pegar as armas; os PMs, tão vexados, que, do ônibus, os reféns sentem o mal-estar no ar.

Com as armas dos vigilantes bancários, as fornecidas pela polícia e estas agora, a quadrilha tem um arsenal — com muita munição, embora sem saber que metade da que foi fornecida pela polícia, ainda no banco, é de festim.

Moreno mostra que não é novato em armas: destrava a metralhadora com conhecimento, vai à Belina e dá duas rajadas no motor. Volta ao ônibus e toma — de novo — o rumo de Cornélio Procópio.

No caminho, manda parar, encostar e ligar o pisca-alerta. Pede novamente a ajuda do coronel, seu ativo colaborador. O coronel vai para a pista e acena para um ônibus da Garcia, que não para. O próximo para - um ônibus convencional - e o motorista e os passageiros veem entrar um coronel e um capitão fardados, um delegado, um repórter e um padre e, em seguida, um cidadão mascarado e de metralhadora.

O coronel expõe a situação, o capitão confirma, o delegado garante que ninguém sairá ferido, o advogado apoia e o repórter concorda. Moreno só precisa arrematar:

— Então vamos todo mundo passar para este ônibus. Os passageiros, por favor, se acomodem lá no fundo.

Agora, tem pressa — tanta, que deixa para trás um malote.

Uma cochilada

O advogado Laertes já vem conversando com Moreno sempre que pode. Várias vezes diz ao assaltante que ele precisa ler a Bíblia.

— Agora temos um padre e um pastor — comenta o capitão.

É então que Moreno percebe o relógio do caixa no pulso de um dos companheiros. Manda tirar e devolver. Dá também algum dinheiro para o caixa comprar camisa e sapatos novos.

Enquanto os reféns ajudam a levar os malotes para o segundo ônibus, o advogado continua a falar na cabeça de Moreno: — Pensa bem, agora você tem mais reféns ainda! Cada ação dessas é um sequestro, é uma pena a mais! Ainda é tempo de desistir, pelo amor de Deus!

Moreno está é pensando em metralhar o ônibus de pescaria.

— Pra quê?! O que você pode fazer é me deixar aqui junto com o Borracha — o advogado cochicha — e nós ficamos rodando por aí pra despistar!

Moreno não diz sim nem não. O advogado evita entrar no segundo ônibus e vai ficando para trás. Está com um malote e, como o pessoal embola na porta, joga o malote no chão e empurra para baixo do ônibus com o pé.

Esquecido ou libertado, o advogado fica ali com o motorista, e juntos rodarão com o ônibus até depois da meia-noite. Depois, o advogado leva o malote para casa, em Londrina, e no dia seguinte devolve ao banco.

A cochilada da quadrilha custa caro: é um dos dois malotes só com notas graúdas, os últimos a serem trazidos do Banco do Brasil no fim da tarde.

Na cidade correrão boatos sobre o advogado e o malote, ao que ele sempre responderá com a Bíblia:

— Eis que os olhos do Senhor estão sobre todos aqueles que o temem; Salmos, 33:18. Que sentido teria eu arriscar a vida e depois me sujar por dinheiro?!

De qualquer forma, a quadrilha continua a fuga com pelo menos 3 milhões e 736 mil cruzados a menos, que é quanto o inspetor Luís Romano, do Banestado, contará no malote no dia seguinte. Contando o dinheiro, lembrará do Vale do Ivaí, região paranaense de agricultores, na época do assalto desesperados com a alta nos juros dos financiamentos. No dia do assalto, Romano estava no Vale e viu cidadão calejado sentando na frente do gerente, respeitoso mas com revólver na cinta. Pediu para ver o total do débitocom os juros. Então sacou a arma:

— Só pago isto morto! Isto é um assalto!

RUMO ÀS ESTRELAS

Os assaltantes agora têm um ônibus não identificado, mais armas e mais 42 reféns — mas ainda não têm destino. Já têm, porém, um bom guia: o refém Benedito Marcelino, viajante conhecedor das estradas da região, consegue dizer onde estão e para onde podem ir a partir dali.

Moreno manda tocar para Cornélio Procópio — de novo. Param para "necessidades fisiológicas" e para comer, debaixo duma árvore na beira da estrada. São os últimos bolinhos de carne, as últimas esfihas; depois, só água e chocolate.

Em vez de chegar até Cornélio, Moreno manda desviar para Nova América da Colina, quando um carro começa a seguir o ônibus. Novamente os reféns temem um tiroteio — pode ser a polícia.

Moreno manda o ônibus bloquear a estrada e desce com o coronel. No carro, vão apenas três rapazes curiosos, que viram a metralhadora de Moreno e resolveram perseguir só por diversão. Os três são levados para o ônibus, debaixo de descomposturas dos assaltantes e reféns.

No ônibus, o sono começa a derrubar cabeças. Mas quase todos os reféns veem quando Moreno pega uma maleta 007 de um dos passageiros, esvazia e cuidadosamente enche de notas, apenas notas de mil cruzados, estalando e com cheirinho de dinheiro novo. Faz toda a operação com a ajuda de uma lanterna, empilhando os maços caprichosamente. Fecha a maleta com um suspiro e um comentário:

— Aconteça o que acontecer, esta aqui não sai da minha mão...

Já meia-noite, passam pelas cidades do Norte Pioneiro, as mais antigas do Norte do Paraná, desertas a essa hora: Nova América da Colina, São Sebastião da Amoreira, Santo Antônio da Platina, Congoinhas. Na entrada para Ibaiti, fura um pneu. Moreno, por incrível que pareça, quer procurar um borracheiro. O delegado sugere trocarem o pneu ali mesmo. Os olhos de Moreno brilham:

— Isso é tarefa para nossos três heróis!

Os três moços da Belina são encarregados do serviço. Daí seguem para Ibaiti, Pinhalão, Tomazina, a cidade mais antiga do Norte do Paraná — e só com século e meio. É quando uma das passageiras pergunta, bocejando:

— Mas será que a gente vai chegar no horário em São Paulo?

O assaltante n° 2 pede ao boy — que não larga o envelope do cartório — para segurar um pouco a arma!

— Tá duro desembrulhar este chocolate.

O n° 4 vai tomar água lá no fundo, deixa a arma com a refém Eiko. Revólveres sobram por todo canto, e já nenhum dos assaltantes usa máscara ou capuz. O nº 3 caça lá no fundo, entre os passageiros, um cobertor para duas das reféns, Leninha e Eiko. Passam por Wenceslau Brás, Arapoti, rumo a Jaguariaíva.

Quase duas da madrugada, tomam na estrada outra Belina, com um velho e um menino que também passam para o ônibus. Botam na Belina todo o dinheiro, já enfiado em bolsas e sacolas dos passageiros. O plano é arranjar mais um carro para a etapa final de fuga, deixando os reféns no ônibus.

Então aparece um ônibus da Princesa do Norte e o plano é imediatamente mudado. O coronel protesta, achando desnecessário pois o segundo ônibus decerto não foi ainda identificado pela polícia. Mas Moreno prefere seguir a intuição, e passa todos os passageiros para o terceiro ônibus, enquanto o segundo tem os pneus furados a bala — e partem só a quadrilha e os reféns originais.

No translado, o Barba — sempre tenso e irritado — mostra-se gentil pela primeira vez: vendo a refém Nadir tiritando de frio, oferece a própria jaqueta.

O nº 3, Ismael, faz algum tempo já vem de cabeça colada com a refém Maria Helena — e agora, na baldeação, sente ciúme: enquanto eles carregam os malotes, Leninha e Eiko esperam em pé na estrada, tiritando debaixo do cobertor que ele ofereceu. O boy Gedson, sempre com seu envelope debaixo do braço, também pede abrigo debaixo do cobertor.

É a primeira vez na vida que Ismael sente ciúme. No banco, Leninha pediu para ser libertada — "Tenho uma filhinha", implorou — e ele disse não, não tinha a mínima dó dela. Depois, no ônibus, sentaram juntos, ele sentindo que queria cuidar dela. Conversa foi, conversa veio até que, olho no olho, aconteceu o primeiro beijo. Desde então, Ismael chega a esquecer do assalto, nem pensa mais no dinheiro, só pensa nela. Fecha os olhos pensando nela e vê estrelas.

No terceiro ônibus, voltam a sentar juntos, ele com a arma esquecida no colo.

Robin Hood

Voltam para Wenceslau Brás.

É então que Moreno, mais uma vez, se assume como Robin Hood, para irritação do Barba: — A gente rouba e você dá o dinheiro!

Moreno distribui maços de notas a quase todos os reféns, revelando uma certa ordem nos valores:

• Para os bancários, 50 mil cruzados cada um

• Para o padre e o vendedor que ajuda a orientar o motorista, 150 mil cada um

• Para o repórter, 100 mil

• Para o boy, apenas 35 mil

• Para o capitão e o coronel, 50 mil cada um, tomando o cuidado de deixar os maços nas poltronas, em vez de oferecer diretamente, para não constranger os militares. Aos outros, recomenda:

— Não devolvam ao banco. É para vocês terem um bom Natal.

Ou então:

— É para compensar tanta atribulação.

É realmente uma viagem atribulada.

Parada dura

Moreno, às vezes, discute asperamente com o Barba — cuja missão seria guiar a quadrilha na fuga; mas ficou confuso e, agora, parece ressentido da liderança do outro.

— Vamos deixar essa gente, vamos pegar mais carros e fugir em duplas — quer o Barba.

— Não — Moreno insiste — vamos juntos.

Então o Barba vai para a Belina, levando todo o dinheiro menos a maleta 007. Também leva o nº 4 e o coronel para dirigir.

São ultrapassados por uma F-1000 e o motorista, um nissei, parece estranhar alguma coisa. O Barba manda o coronel alcançar a caminhonete e abalroar — mas acham uma parada dura: ao ver as armas, o nissei também saca a sua e manda bala. Descarrega seis tiros, avariando a Belina, e continua disparado pela estrada.

Frustrados, o Barba e o n° 4 abandonam a Belina, voltam com o coronel para o ônibus — que agora ruma para Santana do Itararé. A esta altura, toda a quadrilha — menos Moreno, por comandar, e Ismael, por namorar — toda a quadrilha dorme, quase todos os reféns também.

O coronel continua junto de Moreno, ao lado do motorista.

Moreno é homem que já sentiu bastante fome, sede e frio na vida — mas nunca tanto sono. Pisca, começa a sonhar. Tem medo de cochilar e dormir de arma na mão.

Mas tem um alento: logo atravessarão a fronteira, entrarão no Estado de São Paulo. Na falta de um plano de fuga — confessa ao coronel — instintivamente resolveu ir "para casa".

— E seja o que Deus quiser.

Sabe que, das três, uma: ou acaba milionário, preso ou morto nas horas seguintes. O dia seguinte, ele sabe, também não vai ser um dia comum.

Amanhece e, para espantar o sono, conversa com o coronel. Falam da vida em família, e como seria bom acordar em casa, tomar café da manhã...

Toda uma vida

Aos 27 anos, estapeando a cara e com os olhos coçando, Moreno já não ouve mais o que o coronel diz, olha em frente e vê que tudo que fez e viveu, tudo, agora está sendo jogado ali, toda uma vida.

Lembra da filha de dois anos, Daiane — "em homenagem a Lady Di". Lembra dos gêmeos a nascer três meses depois. Lembra também dos anos vividos na AAMEL — Associação do Amparo ao Menor de Londrina — quando a mãe, recém-separada do marido, ficou tuberculosa e foi internada num sanatório. O menino, com 9 anos, foi para o orfanato, onde ficou três anos com roupas que cabiam numa caixa de sapatos e com uma das 150 escovas de dentes enfileiradas na parede.

Ajudava na marcenaria, gostava de cuidar dos coelhos e detestava o frio, todos os meninos de shortinhos, batendo os dentes, esperando a tia botar na mesa o café com pão. Depois de comer, iam correr no pátio, "pra esquentar". Quando a fome era muita, matava escondido um coelho ou uma galinha, fazia uma fogueira com os companheiros, espetavam e comiam sem sal. Às vezes, brigavam por bagaço de laranja, a barriga mandava e a boca queria mastigar qualquer coisa.

Um dia, comeu repolho cru da horta, sem saber que tinham passado veneno. Ficou mais de semana de cama, a pele empipocada de pústulas, acabou no hospital.

Quando saiu do orfanato, foi ver a mãe ainda lavando roupa lá numa baixada, onde uma mina vertia água limpa. Com raiva daquela água, pensava que era ali que a mãe tinha pegado a doença, e não se banhou mais ali como antes, passava os dias procurando trabalho. Mas não queria lavar carro, carpir terreno ou catar garrafas e papel. Queria um emprego mesmo, bater ponto no fim do dia e no fim do mês receber um salário "feito gente-grande, feito gente".

Aos 12 anos, insistiu em morar com uma irmã casada em Taboão da Serra, região do Embu, na Grande São Paulo. Logo arranjou emprego lá — aprendiz de luveiro, andando três quilômetros para chegar à fábrica de equipamentos de segurança: se pagasse ônibus, ia metade do salário, era salário de menor.

Lidava com tintas, chegava tonto ao final do dia e não achava justo não darem leite, ficou só quatro meses. Foi para uma indústria de fios elétricos, ficou dois anos e meio como ajudante de extrusor, mas gastava metade do salário com lanche, não dava tempo de ir almoçar em casa. A outra metade dava para a irmã e, no fim de semana, não tinha um trocado para ir ao cinema.

Começou a procurar empresas maiores, levantando às cinco da madrugada para se apresentar aos porteiros ou guardas-noturnos, pedindo para voltar no dia seguinte e preencher ficha à mesma hora. À noite, tomava banho correndo depois do trabalho, ia para o colégio. Quase passei para a 7ª série!

Desde então já se vestia melhor que os outros, e teve de sair na mão várias vezes quando os colegas zombavam por isso. Largou do emprego e do colégio, voltou a Londrina para trabalhar um ano como pacoteiro de supermercado, até que num domingo não teve dinheiro para ir a um circo que queria muito ver, resolveu voltar para São Paulo.

Foi morar com o pai, que mal conhecia, cavador de poços e fossas. O pai também tinha sido "criado no mundo", tinha um jeito bruto de tratar, quase sempre fechado — mas às vezes, duma hora pra outra, brincava de lutar com o menino, trocavam murros. No entanto, o rapazola mal tinha ânimo para qualquer brincadeira: depois de um dia cavando poço, ficava moído até dias depois, e ajudava o pai todo dia, de modo que vivia moído. Mas a comida melhorou, era o que mais atraía o menino virando rapaz.

Naquele tempo, jabá ainda era comida de pobre, o pai sempre comprava, ele gostava muito, levava cozido com farinha, almoçava e depois dava aquela baita sede, então enchiam a barriga de água e tiravam um soninho no fundo do poço, no frescor da terra aberta de pouco, era a melhor hora do dia.

Mas era trabalho pesado demais. Arranjou emprego como ajudante de extrusor na Condulli, indústria de cabos elétricos na Vila Iasi. Quando ganhou o primeiro salário de maior, comprou uma jaqueta de veludo cor-de-rosa, calças, sapatos, e encheu de frutas e legumes o barraco do pai.

Passou a chegar antes da hora no trabalho, para limpar a extrusora, aprender a lidar com a máquina. Quando recebeu o segundo salário, foi para o santátio e, como o macacão não tinha bolso, deixou o envelope no chão enquanto ficava na privada fazendo planos. Queria comprar um violão, mais roupas, um par de tênis. Saiu esquecendo lá o envelope, que sumiu — e era bem mais do que o pai ganhava num mês.

O pai não acreditou, disse que ele mentia. Na fábrica, no dia seguinte disse aos colegas que alguém devia ter pegado o envelope por engano, decerto devolveria... Riram. Ficou tão magoado que deixou o emprego, e foi o mesmo que morrer por algum tempo, meses sem vontade de fazer nada. Mas depois voltou a estudar, fez também curso de solda no SENAI. Começou a pintar muros, fazer biscates, servente de pedreiro, sempre pensando em voltar à Condulli.

Magoado com o pai, foi morar sozinho num quarto alugado. Fazia desenhos para os colegas da fábrica que estudavam; limpava quintais, carpia chácaras. Pagava as contas religiosamente no bar, então a dona indicou o rapaz ao chefe de produção da fábrica — e aos 20 anos foi readmitido, novamente ajudante de extrusor.

Um dia, faltou o operador da extrusora 90, ele se apresentou e fez o serviço direitinho, virou titular. Mas continuou registrado como ajudante, anos, e o salário não aumentava, voltou o desânimo. Foi também quando sentiu o que é a inflação, sentiu na carne, na comida faltando em casa, e começou a ter raiva dos políticos.

Saiu da Condulli, já casado (e nas entrevistas para este livro pouco quis falar disseo), foi para outra indústria, onde ficaria até poucos meses antes do assalto. Então, já tinha passado por uma agradável e em seguida amarga experiência: o Plano Cruzado.

No começo, nem acreditou. Podia sair do serviço e tomar até três cervejas, quando antes tomava uma e olhe lá; mas, certo — para não faltar muita coisa em casa — seria tomar pinga, coisa de que nunca gostou. Sempre dizia aos outros que trabalhador merece coisa melhor, era visto como um sujeito metido a besta. Mas, com o cruzado, tudo melhorou, chegou o fim do mês e sobrou dinheiro! Por isso mesmo, desconfiou. Mas fez um almoço especial, gostando muito mais de cozinhar com carnes boas, e comprou vinho — mas sempre desconfiado de tanta bonança de repente. Lá pelo terceiro ou quarto mês voltou a faltar dinheiro e sobrar semana no fim do mês. Foi aí que...

Apareceu o Barba, reforçando a atração de Moreno por armas. Passou a andar armado na cidade de tantos assaltos. Um dia, o Barba apresentou uma submetralhadora. Moreno atirou, num matagal de arrabalde, sentiu o poder que a arma dá. E, já gostando cada vez mais de beber à noite pelos bares, as ideias começariam a surgir, formas de ganhar mais dinheiro fora do trabalho, até porque agora tinha uma mulher, uma filha, filhos a nascer, uma amante...

— Não é isso, Moreno? — o coronel pergunta e ele sacode a cabeça voltando para a realidade: não está experimentando armas com o Barba nem conversando com os outros num bar, está no ônibus quase na fronteira e cutuca os outros para acordarem:

— Tudo bem, comemos ótimos salgadinhos, bebemos água mineral e ainda temos chocolate — mas não é um piquenique, moçada!

Todo o amor

Vê Ismael enamorado e lembra do namoro com a mulher. "Que gato", dizia ela vendo um galã na TV. Ele se mordia, virava bicho, saía para os bares e queria esquecer que era noivo.

Até então, não saía à noite, levava uma vida tranquila no quartinho onde foi morar depois de deixar o barraco do pai. Curtia a primeira televisão, uma preto e branco. Gostava de desenhar com lápis colorido e pendurar as folhas nas paredes. Mas sentia falta de alguém. Começou a namorar a irmã da futura mulher, não deu certo, mas era tão carente de família que se apegou à dela. Voltou a estudar, ia junto com ela ao colégio, uma menina de 16 anos que lhe lavava as roupas — e ele, sentindo-se protegido, pensou que paixão fosse aquilo. Mas ficava doente quando ela falava daquele jeito dos artistas da televisão. Não era mesmo uma desfeita?!

Então saía da casa dela chutando latas mais uma vez, a cabeça fervendo, acabava num bar. Aprenderia as artimanhas da noite, começaria a paquerar com vinte anos! Às vezes pensava que ela espicaçava tanto não por maldade, por criancice, mas não conseguia deixar de se sentir pior do que quando não tinha alguém.

Foi então que apareceu a menininha. A irmã foi pedir a ele um desenho, e a menininha foi junto, olhou maravilhada o quarto dele, a televisão, os desenhos, a geladeira, tudo limpo e arrumadinho —

depois passou a voltar quase todo dia. No começo, ficava espiando de fora, depois entrava. Doze anos de idade, e ele noivo, com dezenove. Era uma loucura, pensava — mas descobria que era bom ser amado ou, melhor, adorado. Deu a chave à menina; chegava do trabalho e ela estava lá no quarto, esperando com um copo de suco gelado. Ele se sentia um rei.

Foi conhecer a mãe dela, viúva, passou a ajudar. Pintou a casa delas. Precisava duma família, mas ela não queria só um irmão adotivo. Foi notando que ela queria mesmo um homem. Um dia, na casa dela, a mãe não estava, ela escolheu uma música no rádio, convidou para dançar e, quando ele disse que ela estava se excedendo, reagiu indignada: — Você acha que eu sou criança, mas mais criança é você, porque quem não sabe amar é sempre criança!

Ele estava para casar e casou, embora com a menina na cabeça, então já não tão menina. A mulher estranhava ele ir tanto à casa dela, padrinho tão dedicado. Foi ficando "uma situação complicada", mas ele controlava, desde então se especializando em andar na corda bamba. Descobriu que o segredo, entre homem e mulher, está em satisfazer a mulher primeiro; depois disso, tudo se ajeita. Foi uma revelação. E descobriu também que não há melhor tempo na vida do que quando se dá e se recebe carinho. Além disso, para que desmanchar o que estava funcionando?

Mas não dependia só deles. Um dia, a família da mulher "meteu a colher" e azedou tudo. Ele e a mulher passaram então por uma "mini separação". Enquanto isso, a menina ia virando mulher de vez, fazia curso de computação, arranjou até namoradinho. Ele já não ia mais à casa dela, mas a paixão continuava. Tanto que um dia ela convidou para uma excursão, e lá foram eles, ela com o namorado que, no fim, acabaria sozinho: ela só pretendia fazer ciúme para o homem que queria desde o dia em que viu seus desenhos.

Era uma excursão para a praia, e se amaram na areia. Na volta, porém, ele sentiu que ela não era mais a mesma; virando mulher, a menina parecia outra — e ela disse que também já não via nele o ídolo de antes, agora parecia até um menino. Sentados lado a lado no ônibus da excursão, partilhavam um sentimento vazio; sabiam que tudo tinha acabado naquela praia. Choraram para se despedir e nunca mais se viram.

A mulher ficou grávida e voltaram a morar juntos. Ele não queria mais que ela se magoasse, e ela, com a curta separação, parecia dar mais valor a ele, mais respeito. O diabo é que agora começavam a faltar coisas em casa, o salário sempre pouco. Até que um dia, depois da manteiga e da carne, faltou Bombril.

Ele ouviu o Barba: a solução mágica era assaltar. Tinha conhecido dois sujeitos numa viagem a Londrina e com eles foi assaltar a agência do campus, depois de pedir a conta no emprego. Comprou um aparelho de som para a casa, desses que têm microfone, tirou foto da filhinha cantando. Comprou o carro, uns móveis, boas comidas, mas de repente a solução mágica acabou, e o problema era o mesmo: como arranjar mais dinheiro?

— Como vamos fazer nos pedágios? — o coronel pergunta, e ele diz que não tem problema, é só o motorista pagar direitinho sem dar qualquer sinal; esconderão as armas e será um ônibus na sua rota para... São Paulo?

— Será que esta empresa tem linha pra São Paulo?

Na dúvida, o dia já começa azedo. Mas seja o que Deus quiser, Moreno repete, cruzando a fronteira com um revólver no cinto, a pistola numa mão e a metralhadora nos pés.

O DIA SEGUINTE

Marmitas e rugas

Ainda amanhece quando Moreno resolve tomar outro ônibus, já no Estado de São Paulo, mas não ainda na policiada Rodovia Castelo Branco. Passam reféns, dinheiro e armas para o quarto ônibus, levando também o motorista da Princesa do Norte, enquanto Moreno se fecha na toalete do ônibus vazio, levando uma sacola plástica tirada duma mala paraguaia onde todos levaram roupas extras para o assalto. Quando sai da toalete, é uma aparição: terno branco de linho, maleta 007, parece um executivo aos olhos dos reféns — se não fossem os óculos espelhados.

Já não usa máscara, como toda a quadrilha. Durante a noite, tiraram as máscaras e capuzes na escuridão e, agora, tornam a tirar para não chamar a atenção dos policiais rodoviários. Afinal, começaram tudo de "cara limpa", sem qualquer indício de droga, impressão geral dos reféns e testemunhas no banco. Mostrando a cara, Moreno pede:

— Façam um favor: não ajudem a polícia a fazer retratos falados, tá? Nós fomos legais com vocês, não fomos?

No quarto ônibus, professoras rurais piscam sem acreditar no que veem. Boias-frias apertam marmitas nos joelhos.

É um ônibus da Viação Manoel Rodrigues, de Avaré, uma lata velha que mais se arrasta que roda, com boias-frias e professoras a caminho do trabalho, caras de sono, ainda espantados da confusão: uns bandidos tão gente, uns fardados sem autoridade mas dando palpites, um padre sem batina e um repórter fazendo piadas:

— Bom dia, gente. É o quarto ônibus que a gente toma em doze horas, desculpem se o serviço não for de primeira. Mas vocês também não têm muito do que reclamar, não é?

Os boias-frias veem que pelo menos um dos assaltantes até parece boia-fria também, e as professoras veem que são pouco mais que rapazes a empunhar revólveres. Os reféns veem que as caras dos assaltantes, sem as máscaras, não são mesmo de militares durões nem de bandidos profissionais; não há ódio nem crueldade nesses olhos. E Moreno volta a discursar contra o Governo, os políticos, os salários de fome, a miséria e a apatia do povo.

Então os boias-frias e as professoras começam a reclamar, não do serviço de bordo — alguns até comem os últimos chocolates — mas do Governo, dos salários, da vida dura.

— A gente levanta antes do sol para dar aula lá nos cafundó, e sabe o que a gente ganha? Ganha ruga na cara antes dos quarenta, ó!

— Isso não é nada — um boia atalha — A senhora já carpiu de sol a sol para ver como é que bambeia a gente?

O ônibus vai movido a protestos e protestando, lento e chacoalhando.

O motorista está muito nervoso, recebe instruções de Moreno: não dar sinais, não agir fora do normal. Os assaltantes se espalharam sentados no corredor, dividindo os bancos com reféns que também cochilam e acordam assustados. O motorista da Princesa do Norte se atrapalha tanto que Moreno resolve trocar. O motorista da Manoel Rodrigues assume o volante com serenidade profissional, só trocando de crachá e gravata com o outro.

Mas outro motorista da mesma Manoel Rodrigues passa e não recebe o cumprimento de volta, nem reconhece o colega. Avisa a Polícia

Rodoviária. Logo o delegado, o capitão e o coronel veem policiais parados aqui e ali, fingindo naturalidade, mas falando ao rádio da viatura assim que o ônibus passa. Depois, policiais são vistos em posição de tiro em dois viadutos. Sem consciência do perigo, um boia-fria aponta:

— Aquilo lá é um motel, ó.

O repórter aproveita para descontrair o ambiente:

— Como é que o senhor sabe que aquilo é motel? Quer dizer que, enquanto a velhinha fica em casa remendando as roupas, o cidadão larga a enxada e...

Até quase o próximo final da viagem, o boia-fria irá se justificando, procurando apoio das professoras, que ninguém pense tal coisa de um homem de fé e de casa, sim senhor. Mas até os novos reféns não prestam atenção; todos têm olhos e ouvidos só para fora do ônibus; pressentem que a qualquer momento vai chover bala. O coronel está tão nervoso que põe e tira o quepe, o delegado passa as mãos nos cabelos, Moreno destrava a metralhadora.

Malandragem

Nessa mesma hora, lá no banco, começa um dia diferente para a zeladora Delvair Dias de Camargo. Às sete, seu primeiro serviço é limpar os sanitários. Dá descarga numa privada, transborda.

Casada, duas filhas, marido borracheiro, Delvair não tem dúvida — "A gente tá aqui pra isso, né" — e enfia a mão na privada. Pensa que, como sempre, vai achar copos plásticos entupindo — e, como ainda não conhece notas de 1.000, acha que são de dinheiro estrangeiro os maços de notas.

Trabalha para uma empresa que fornece pessoal de limpeza ao banco, que assim economiza do mesmo modo que com os guardas. Ganha 3.500 por mês — e tira 25.000 da privada. Dinheiro jogado ali por um caixa? Ou por algum cliente? Seja como for, quem buscar mais tarde ali não vai achar — porque Delvair nem pensa nem conta: como estão os maços, leva para a gerência.

Como prêmio, fica com a promessa de ser contratada pelo banco como funcionária — e, ao contar isso, sempre sorrirá como quem acredita no que diz:

— A melhor malandragem é ser honesta, não é?

Boa-fé

Na rodovia, Moreno ordena a tomada de uma Chevrolet diesel, tipo Furgão, com carroceria de alumínio para transporte de malotes — por coincidência ou sina, do Banco Mercantil de São Paulo. Da janela do ônibus, aponta a metralhadora, enquanto o ônibus força a caminhoneta a parar no acostamento. O coronel fala nos olhos de Moreno:

— Escute, agora é sua chance. Pega essa caminhoneta, enfia nela todo o dinheiro e seu pessoal e se manda! Já-já vão cair em cima de vocês atirando pra matar! Deixa essa gente do ônibus viver!

Mas Moreno comete mais um erro fatal: vai só com o Barba e o coronel na caminhoneta; os outros da quadrilha continuam atrás no ônibus.

O coronel vai entre o Barba e Moreno.

Mal a caminhoneta começa a rodar, Moreno deixa a metralhadora nos joelhos. Encosta a cabeça no ombro do coronel. E cochila.

Passa uma viatura da Polícia Rodoviária; os policiais nem olham para a caminhoneta, o que deixa o coronel muito intrigado. Adiante, a viatura para num posto de gasolina, e o coronel previne:

— Não é normal. Estão de olho e vão agir.

Moreno esfrega os olhos!

— Pois é, coronel, vai ser logo, não é?

Manda o Barba sinalizar encostando, para seguir o palpite do coronel:

— Todos na caminhoneta, vocês ainda têm uma chance. Deixem os reféns, levem apenas eu e pronto!

O delegado desce do ônibus na frente da quadrilha, corre até a caminhoneta e dá uma olhada para trás: outra viatura aparece, os revólveres já fora das janelas. A porta traseira da caminhoneta é dupla, lacrada, e ele fere as mãos rompendo a fita, os assaltantes empurrando para entrar. Jogam fora os malotes do Banco Mercantil, enfiam as sacolas e bolsas de dinheiro. Moreno está tirando do ônibus uma das reféns, a Eiko; quer levar as moças, mas ela olha nos olhos:

— Não faz isso com a gente.

Ela está segurando a maleta 007 para ele. Ele encara derrotado, com um sorriso mole de sono:

— Tá bom, vocês ficam. Com Deus!

E corre até a caminhoneta, sempre com a maleta. O Barba vai dirigindo e resmungando:

— Você tem muita boa-fé. Refém é pra garantir a gente, não a gente pra garantir eles.

O coronel põe o quepe no descanso do painel.

A Polícia de São Paulo tem orientação, da Secretaria de Segurança, para não ser desmoralizada: atirar para matar, quem se salvar é lucro.

Os reféns, no ônibus, vão ter muita sorte. Os policiais não sabem que toda a quadrilha está na caminhoneta e, pela janela, o repórter vê que da segunda viatura, vinda de trás pela rodovia coalhada de carros, saem armas apontando para o ônibus.

Lá na frente, a caminhoneta para numa barreira de fogo da primeira viatura. A fumaceira é tanta que aos reféns parece irreal. Do canteiro central da rodovia, os policiais começam a atirar e descarregam as armas. A caminhoneta enviesa no asfalto, o Barba procurando se esconder atrás do volante, enquanto o para-brisa estilhaça, estoura o retrovisor direito e Moreno comanda:

— Sai, coronel!

Dispara a metralhadora enquanto o coronel pega o quepe e pula fora rolando. A caminhoneta recebe fogo. Moreno descobre que sua metralhadora está (providencialmente) emperrada. Lá fora, o coronel grita para não atirarem, o quepe na cabeça e as mãos para o alto, exatamente como faz o delegado saindo do ônibus lá atrás.

O Barba aproveita e faz a caminhoneta voltar a rodar, engasgando, um pneu estourado, mais outro.

Moreno vê, a tão pouca distância, que sente o cheiro da pólvora e ouve o assobio da bala, um policial disparando com as duas mãos agarradas no revólver, "igualzinho filme policial americano". Tudo parece um sonho: a bala passa milagrosamente pelo para-brisa já moído. Moreno aponta a metralhadora, e o policial some.

O Barba arranca.

Outro policial surge na frente, pronto para atirar, mas a arma nega fogo e — de novo — Moreno aponta e não puxa o gatilho. A caminhoneta pega uma estrada de terra, enquanto na rodovia o coronel continua berrando que não atirem no ônibus, lá só tem reféns!

O delegado berra a mesma coisa:

— Sou refém, aqui só tem refém!

Os policiais não atiram. O repórter desce dando dedo no sargento da Polícia Rodoviária:

— O senhor é um irresponsável! Vocês iam atirar no ônibus, não iam?

— É. A esta altura, vida de refém e de bandido é a mesma coisa, ué.

O boia-fria desce cheirando pólvora no ar:

— Que foguetório, sô!

O delegado corre até a outra pista e é reconhecido pelo motorista de um Monza, que acaba dando carona até Londrina às três reféns. Antes, todos se abraçam chorando. O delegado empresta um revólver do motorista do Monza, mas na rodovia não há mais em quem atirar. Tudo acabado para eles; no entanto, o padre ainda tem uma dúvida:

— Eu estava no banco pra pagar água e luz. Será que agora vou ter de pagar com multa?

A hora de Deus

Na estrada de terra, a caminhoneta vai rasgando os pneus para rodar aos trancos, e a quadrilha enfrenta mais dois tiroteios. Abrem aos chutes as portas traseiras e disparam até com dois revólveres cada um. É tanto chumbo que os policiais pensam melhor antes de perseguir.

Dá tempo para a quadrilha assaltar um caminhão carregado de troncos, o caminhão engasga. Ainda tentam tomar outro caminhão de madeira da Fazenda Eucatex, 400 alqueires de reflorestamento ali perto de Sorocaba, a 90 quilômetros de São Paulo. Mas o segundo caminhão também se recusa a rodar com a quadrilha.

Na correria, deixam quase todas as sacolas e bolsas de dinheiro na caminhoneta, que é tomada pelos policiais. Eles levam as armas, Moreno a maleta 007, e o nº 2 leva a mala paraguaia cheia de notas de pouco valor, além de mais duas ou três bolsas — detalhe que só Deus sabe. E se enfiam na mata, com as armas quentes, Moreno de terno branco, metralhadora ao ombro — e já com sede.

Logo, a mata está cercada de 300 policiais e cachorros amestrados, vasculhada por três helicópteros. Eles se escondem quando os helicópteros passam perto. Moreno lembra da única vez em que viu a terra lá de cima, ainda menino, na Exposição Agropecuária de Londrina. As crianças ficavam em fila, e algumas eram sorteadas para passear de helicóptero. Moreno foi sorteado, entrou na cabine. Mal o helicóptero decolou, olhou para baixo e sentiu pavor, começou a se debater e a gritar; o piloto teve de aterrissar depressa. Duas décadas depois, o menino continuaria se recusando a entrar em avião, mesmo para fugir com 30 milhões — mas acaba de novo às voltas com helicópteros! E só pensa numa coisa: se um helicóptero inclinar para o lado, será sinal de que foram descobertos — então usará a metralhadora.

Nada mais fazem, no entanto, que passar todo o dia escondidos.

Acham um buraco de erosão, uma pequena grota coberta de mato, onde mal cabem todos — mas onde não serão achados, embora os policiais passem tão perto que ouvem até as vozes. Cochilam, acabam dormindo embolados, só acordando com o ronco dos helicópteros, e depois dormem de novo abraçando as armas. O Barba insiste para ficar com a maleta 007, Moreno se atraca com ela, o nº 2 com a mala:

— Esta aqui, só largo morto.

Lá pelo fim da tarde, Moreno confessa ou pensa em voz alta:

— Acho que Deus deve estar com o saco cheio de tanto que já pedi ajuda.

Deus acha suficiente terem achado um bom esconderijo. De resto, só abafamento, suor, fome, sono e sede. Mas, à noite, aparecem nuvens para esconder a lua, e eles saem do buraco. Rastejando, conseguem varar o cerco.

Um policial comenta:

— Um cerco só funciona bem de dia. À noite, só se ficar sentinela a cada trinta metros, senão é sempre possível passar alguém a qualquer momento. Polícia não tem olho de coruja, e também temos sono...

Antes de varar o cerco, a quadrilha conhece a experiência de andar em círculos. Andam, se arrastam, andam e se arrastam mais, mas de repente estão de novo perto de onde saíram. Barba insiste em levar a maleta, discute com Moreno. Andam mais, dão com um haras onde um tratador escova um puro-sangue, o cavalo reluz ao luar. Maravilhados, eles ficam olhando tontos de cansaço — e são vistos. O tratador dá o alarme assim que continuam. Logo os sete estão cercados de novo. Ouvem os comandos:

— Estão por aqui! Vamos passar pente-fino nesse mato! Uma patrulha por ali, outra por lá!

Os policiais passam tão perto que Moreno se espanta: sente o cheiro deles! Um quase encosta no cano da metralhadora!

Logo largará a metralhadora, mal aguentando o próprio peso. Conserva a pistola, a faca — que acabará sendo mais útil — e a maleta. E, antes do amanhecer, rompendo de novo o cerco, a quadrilha se separa.

Quando forem presos, cairá de vez a máscara de cada um.

No 3: Ismael, a paixão

Ismael Severino da Silva é o único branco da quadrilha, além do Barba. Tem pais vivos — guarda-noturno e dona-de-casa — no Embu, onde nasceu e, aos 20 anos, chega a auxiliar de extrusor na KMP, indústria de cabos do Grupo Pirelli. Lá conhece Moreno, que faz, até poucos meses antes do assalto, a última tentativa de viver de salário.

Ismael estuda até a 5ª série e para "por causa das dificuldades: em família pobre, de seis filhos, chega certa idade todo mundo tem de ajudar". Começa a trabalhar aos 10 anos, quando ainda estuda: vai ser auxiliar de artesão numa serraria doméstica, fazem molduras de quadros. Depois de meio ano, vai ser ajudante de mecânica em pequena oficina. Trilha toda a via crucis dos serviços "de menor".

Em janeiro de 81, logo que dá idade, tira carteira de identidade e carteira profissional de menor — e é registrado como trabalhador na mesma Real, indústria de equipamentos de segurança onde Moreno começou a vida profissional. Lá fica um ano e seis meses como boy de rua e pau para toda pequena obra. Sai para tentar melhorar em escritório de despachante, onde "cata milho" na máquina de escrever até reaprender a datilografia que, aos 9 anos, aprendeu num curso gratuito da corporação — pois, como filho de guarda-noturno, foi guarda mirim.

Um ano correndo do escritório ao Detran e aos bancos, e vai tentar uma tinturaria das grandes, lá no Embu mesmo, 24 empregados — e 30 meses de "trabalho sem futuro: o que eu via na frente era só roupa suja". Sai para a KMP, no final de 85. Em agosto de 87, pede a conta.

Em 86, quando conhece Moreno, já mora sozinho num quarto, do mesmo modo que o outro quando solteiro. Então já é revoltado:

— A gente guarda o sofrimento na cabeça, não adianta querer perdoar e esquecer se já marcou demais. Depois do tempo de moleque, só fui ter diversão quase com vinte anos, pra descobrir que com salário de trabalhador não dá pra se divertir nada!

Quando dá vazão à revolta, comove pela heróica ingenuidade:

— Não aguento esse governo, esse país desse jeito. É muita desigualdade! Podem me encostar na parede e fuzilar, mas isto não desdigo: se aparecer aí uma revolução, eu entro de peito aberto como entrei no assalto!

É num bar que conhece Moreno, então "também procurando chifre em cabeça de cavalo", descobrindo a paquera e a cerveja, a caipirinha de pinga e, melhor, mas muito mais cara, a de vodka. Descobrem que bebida boa faz muito menos mal, e que "comida boa nem chega a dar moleza na gente, até desperta mais". Mas descobrem também que "comer em restaurante não é para quem ganha salário".

Namorada, Ismael não teve — "só coisas passageiras" — nem tem até o assalto, quando é assaltado pela paixão e por uma questão cruel:

— Por que não conheci ela um dia antes?!

Entrevistado na cadeia fica irritado ao saber que a refém sofre represálias do banco: antes, ela fazia informalmente tarefas de gerente e tinha algumas regalias. Com o assalto e o romance, e depois de declarações de simpatia pelos assaltantes na imprensa, muita coisa mudou para ela no trabalho.

Café passa de mão em mão num copo plástico no corredor da cadeia, todos dão um bico na bebida aguada e grossa de tanto açúcar. Ismael bebe, oferece o copo, puxa um cigarro como um raro prazer — acabou de ganhar o maço — e confessa:

— Se estou arrependido? Que interessa o sentimento de hoje? Queria saber o que vou sentir depois de sabe-se lá quanto tempo aqui!

Fuma bufando levemente, ainda irritado com os castigos à paixão, e suspira cansado e pronto para o tempo:

— Seja o que Deus quiser. E quer saber duma coisa? Ainda bem que dei algum prejuízo a esse banco...

Preso com outro da quadrilha, foi levado a procurar a mala paraguaia com dinheiro deixada na grotinha onde passaram o primeiro dia de cerco. No campo, não consegue reconhecer o local, os policiais insistem para que eles mostrem a grotinha. Outro garante que é impossível se lembrar, "todo mato é igual", mas Ismael lembra que espetaram um galho seco para marcar o local — e aponta:

— Não é lá?

Lá, os policiais recuperam 8 milhões, algumas armas, capuzes que são dados aos cães para cheirar e rastrear — e o paletó de Moreno. Com a carteira de identidade no bolso!

Então já não adianta mais esconder nada. Naquela mesma noite, as fotos de Moreno e de todos estarão nos noticiários.

Nº 2: Rique, a revolta

Ismael e Rique foram presos pela manhã, após vararem o cerco e se separarem dos outros. Só levam as armas quando são presos, tão estropiados que até dizem aos policiais que são retireiros, andarilhos.

Mal acabou de amanhecer quando eles — ainda sem ter dormido direito — são vistos na Castelo Branco, caminhando lado a lado como andarilhos mesmo... Prisão tão bisonha se explica: é que, ao lado do auxiliar de extrusor, quem caminha não é nenhum guerrilheiro, mas um cidadão de apenas 22 anos, auxiliar de laboratório da Universidade de Londrina, depois de uma carreira como boy. Para o pai de Rique, a promoção seria para se alegrar:

— Pois em geral, ué, boy que não estuda acaba no máximo guarda-noturno.

E Rique nunca teve facilidade para estudar. Teve paralisia infantil, ficou com sequelas no braço e perna esquerdos. Logo que começa como boy, tem de devolver a bicicleta do serviço: não consegue pedalar e se equilibrar. Por arrastar levemente a perna, ganha apelido de Flecha Rápida e, depois, pelos traços índios, passa a ser Juruna. Detesta. Mas, tímido, não reclama. Arredio, procura só a proximidade das poucas pessoas que respeitam suas deficiências e em quem possa confiar. Gente que trabalhou a seu lado vários anos, oito horas por dia, nunca veem dele um gesto irritado ou qualquer manifestação de revolta do rapaz de quase um metro e oitenta, "mas tão menino por dentro", como diria uma refém.

"Até o dia 9 de dezembro", um dia antes do assalto "nada consta nos registros que o desabone profissionalmente", diz a carta da Universidade feita a pedido do pai para a defesa na Justiça. Junto com a carta, está no processo um abaixo-assinado de companheiros de trabalho abonando a conduta e o caráter do assaltante.

Ludovico Bonato, prefeito eleito do campus, lembra um incidente revelador:

— Um dia, uma funcionária pediu a ele para levar um certo canudo até a Engenharia, e ele pegou um outro. Na volta, ela bateu com o canudo na cabeça dele, com raiva. Ele não reagiu, mas via-se que ficou muito magoado. Só me disse, depois, que ainda queria um dia aprender caratê. Mas sempre pareceu uma pessoa incapaz de violência.

Para os outros colegas com quem se abria, Rique sempre falou em progredir, ganhar mais para ajudar a família — e comprar um carro, sua paixão. Um ano antes do assalto, a mãe, Dona Digna, morre de câncer depois de cinco meses de agonia em casa:

— Apareceu o tal caroço no útero, ela ficava de ir ver o que era e não ia, quando foi não tinha mais jeito. Operaram, abriram, fecharam sem mexer em nada, e falaram que, já que não tinha jeito, melhor era morrer em casa mesmo.

A casa de madeira tem 32 metros quadrados mais um tanque e um banheirinho fora, cercada de plantas em latas de óleo, um sofá tão surrado que é recoberto de calças remendadas, tudo exalando pobreza e viuvez. Ali dormiram embolados os dez filhos, até três casarem. Mas "até pobreza tem suas vantagens": o pai, Luiz Caetano, semanas antes do assalto descobriu que a casa, encarapitada no terreno inclinado, podia acomodar um porão, onde poderiam dormir os filhos maiores solteiros. Talvez assim Rique voltasse para casa.

Embora Rique não mostrasse revolta, ela vivia nele, de mistura com ressentimento e desprezo aos poderosos. Depois do assalto, esses sentimentos passam a vazar livremente pela boca:

— Só faz carreira numa empresa quem é chefe ou tem pistolão. O grande cresce, o pequeno é pisado. De política, só sei que os políticos andam desgraçando a vida de todo mundo.

Ao mesmo tempo, o mesmo Rique é o assaltante que ironiza quando os reféns comem salgados no ônibus:

– Não querem molho também?

Também é quem tem a ideia de sair do banco com um dos nove malotes abertos:

– Se começarem a atirar, a gente joga dinheiro pro povo: vai criar uma bela confusão, não vai?

Menino, a maior diversão era esperar uma chuva que enchesse o riacho, o mesmo onde a mãe de Moreno lavava roupa, tão raso que só em chuvarada a molecada podia nadar. Na cadeia, é o cidadão que fuma sempre calmo e fala olhando para os lados:

– Se a gente treinou pro assalto? Pra atirar não precisa treinamento, é só puxar o dedo e pronto. E coragem a gente tem ou não tem, não é?

– Não pensou que podia ser morto?

– Mas quem se atreveria a entrar no banco? Num país tão avacalhado, por que é que algum policial ia bancar o herói?

Esse Rique diferente, falando de política mesmo ingenuamente, coisa que nunca fazia antes, pode ter nascido com a morte da mãe:

– A gente gastava o que podia e o que não podia com drogas pra aliviar as dores dela. E, no dia em que ela, que já não comia mais quase nada, me pediu pra comprar um leite, eu não tinha nenhum dinheiro!

Um dia, com mais dores que nunca, ela manda um dos meninos menores chamar o marido na universidade. Arranjaram um farmacêutico para aplicar morfina, mas demora, e ela repete que não aguenta mais tanta dor. Quando o marido chega, está morta.

A morte de Dona Digna deixa, no entanto, um seguro de vida que paga um dos sonhos de João Henrique: um dia o pai chega em casa num Chevette 78, depois de anos andando três quilômetros todo dia para ir ao trabalho.

À noite, Rique pega o carro. É quando conhece Moreno – também num bar, como quase todos os outros. (O nº 4, Valter, já conhecia Moreno de muito antes: é seu irmão). Como João Henrique leva também o irmão menor para a quadrilha, reproduzem um comportamento clássico de quadrilheiros, a confiança na irmandade. Além de todos os outros seis serem de Londrina, isso fará do Barba um estranho no ninho.

Rodando pela noite, Rique descobre a amargura de ter um carro e ficar sem gasolina e sem dinheiro. Enquanto isso, maus pressentimentos passam pela cabeça do pai: seu Luiz prefere vender o carro e botar o dinheiro na construção do porão, mesmo achando que, só nos dez anos na universidade, já andou o suficiente "para dar a volta na Terra". Mas sente que precisa ajeitar espaço para Rique voltar para casa: depois da morte da mãe, anda ainda mais retraído, às vezes irritado; e vai morar com uma irmã descasada. Sai mais à noite, o pai pensa até que está de namorada, que antes nunca teve. Até que um dia, Rique diz que vai viajar:

– Pra São Paulo, vender roupas junto com um amigo daqui que mudou pra lá.

Seu Luiz lembra balançando a cabeça:

– Se conselho pra filho valesse dinheiro, os meus estavam todos muito mais ricos do que com todo aquele dinheiro do banco. Mas hoje filho não ouve pai. Quando eu pensava em comprar beliches pra eles não dormirem mais embolados, ele vai pra São Paulo e leva o caçula. Pensei: será que é vontade de Deus?

Rique anda magoado. Em poucos meses perdeu a mãe, o carro, e vê que sua carreira no trabalho será tão lenta que decerto só poderá ter outro carro depois duma década. Insiste com o pai para terem o novo quarto no porão, mas vê que a construção vai demorar meses: será feita por eles mesmos nos fins de semana. E descobre que, como auxiliar de laboratório na universidade, tem de fazer mais do que a função exige, embora o salário continue o mesmo.

Dias antes do assalto, é suspeito de desviar notas de compra da cooperativa dos funcionários. As notas começaram a ser usadas para compras vultosas no supermercado e, então, o autor do furto é descoberto: um professor, com salário dezenas de vezes maior, imediatamente protegido pela mesma burocracia que tentou incriminar Rique sem provas.

Para ele assaltar, só falta uma liderança e uma arma na mão – que Moreno e o Barba fornecem. Em São Paulo, Rique é convencido pelas boas comidas na casa de Moreno e as noitadas pagas com dinheiro do assalto ao campus – quando o irmão Ricardo participou mesmo sem arma. O pai, no entanto, ao conhecer Moreno – na figura de vendedor de roupas – achará bom:

– Até comentei com os filhos maiores: o Ricardinho agora ajeitou, trabalhando para um moço direito que só vendo!

Ricardo continua com Moreno em São Paulo e Rique, acabadas as férias, volta a Londrina, mas não para a mesma rotina. À noite, tem coisas a conversar nos bares com Tiãozinho, um sujeito baixinho, ou com o próprio Moreno quando dá as caras na cidade. Na casa da irmã de Rique, guardam as tais roupas para vender, com o apoio do pai:

– Se era pra melhorar de vida, estava certo: fossem vender roupas pro moço, ué. Mas melhoria só vem com o trabalho. Se desconfiasse de alguma coisa, tinha trazido meus filhos pra casa pela orelha!

Mas seu Luiz talvez nem tivesse tempo de desconfiar, com tantos filhos e tanto trabalho. Quando começa a falar da própria vida, desfia decorado um rosário de empregos e serviços; de cor mesmo, gravados no coração.

Nasceu em Lins, São Paulo, 1930, quando a cafeicultura enriquecia os fazendeiros. Pegou na enxada aos 14 anos, depois de aprender leitura e escrita, sempre andando quilômetros até a escola. Irmão de 15 irmãos, 11 mortos, tinha irmã com tracoma, e andava com os pais até a cidade para tratamento da menina, 15 quilômetros três vezes por semana. Acabaram conhecidos dos motoristas dos ônibus de então, as jardineiras, e recebiam carona sem pedir, que tinham vergonha. Iam e voltavam sem comer, "às vezes, pegando alguma fruta no caminho". À escola, o menino ia descalço, com camisa de saco e em jejum.

Seu Luiz continuaria na enxada em São Paulo até os 20 anos, quando vem para o Paraná num caminhão de mudança, enfiado debaixo do encerado: é inverno, mas, mesmo sofrendo com o frio, vê que a terra é melhor, volta para buscar os pais e irmãos. Vivem então o colonato na cafeicultura, tempo que deixou saudades por tanto e tão pouco:

– A terra dava de tudo. Um emprestava meio saco de sementes ao outro, pra plantar nas horas vagas, com a certeza de que o outro ia devolver logo que pudesse. As fazendas tinham café, mas também arroz, feijão, milho, mandioca, criação. Colono não passava fome, mas também não calçava nem vestia, só trapo. Meu primeiro sapatão, calcei lá em São Paulo, com 16 anos, e só aqui, no Paraná, vim calçar o terceiro.

Lembra dos nomes dos sítios e fazendas onde trabalhou. Aos sábados ou domingos, dava um pulo até Londrina, gastava uns tostões; aí conheceu a mulher com quem casaria aos 24, depois de dois anos e meio de um namoro que consistia em conversar, um observando no outro o gosto pelo trabalho:

– Porque pobre não se casa, pobre se ajuda.

Aos domingos, trabalhou de graça dirigindo um caminhão da fazenda, para aprender. Assim chega a motorista urbano, no começo dos anos 60, trabalhando quase uma década para um loteador, quando aprendou também a lidar com asfalto. Do loteador ganhou a casa onde ainda mora, quando o bairro ainda não tinha água nem luz, muito menos asfalto, era quase só mato.

Quando o loteador mudou de negócio, Luiz Caetano vira consertador de fogões – "mas não por conta própria, que nunca tive tino pra isso". Reviveu então a sina de andar quilômetros todo dia, saindo de casa às 5 para chegar às 7 na empresa, onde comia o que o patrão dava:

– Se levasse marmita, arriscava não deixar nada em casa.

Três meses nisso – lembra até o dia em que saiu – e vai ser vigia de estacionamento, onde passa dois, três dias dormindo num quartinho até voltar para casa duas vezes por semana. Foi seu pior tempo na vida.

– A janta, quando um dos meninos ia levar, era uma marmita de polenta com feijão. Até piruá eu comia, do carrinho do pipoqueiro.

Então passa num teste para motorista de ônibus e depois de indústria, já com 8 filhos, e se orgulha de sempre ter ganhado aumentos sem pedir. E num ponto seu sonho coincidia com o dos filhos presos:

– Ganhar na loteria, comprar um carro novo e continuar trabalhando do mesmo jeito.

– Do mesmo jeito? O senhor se vê num carro novo com botinão e capacete?

Ele pensa um pouco, deixa pra lá – e volta a lembrar da vida de trabalho, sua paixão. Doze anos atrás, foi motorista de caminhão, puxando gasolina de São Paulo – "e até ia bem, mas muita gasolina passou a vir de trem, me despediram". Pior que voltar a andar para trabalhar, foi acabar de novo na roça, cuidando de um sítio até que um dia é procurado pelo antigo loteador:

– Não está estranhando voltar pra enxada, Luiz?

– Não, o senhor sabe que o que obriga ladrão é a necessidade.

O homem lhe ofereceu emprego na universidade, para lidar com asfalto – e, a partir de então, só faltará ao serviço com a morte da mulher. Faz as contas nos dedos e se atrapalha, mas tem certeza:

– Se não tivesse trabalhado tanto tempo sem registro, em tantas firmas meio clandestinas, hoje já estava aposentado. Agora, vou me aposentar só por idade, se chegar aos 65...

Está abatido. Desde o assalto até mais de mês depois, pediu férias para não sair de casa.

– Se um caminhão passasse por cima dos meus dois filhos, eu não ia sentir tanto. A gente é pobre, sempre se arrastando pela vida, mas tenho nome!

Um filho menor brinca: – Mas hoje o senhor é famoso, apareceu na televisão! – e Luiz Caetano responde que essa fama não queria, quer é ganhar na loteria. Logo, porém, repensa:

– Mas que ia adiantar eu de gravata e dizerem que sou um toco vestido? O maior tesouro da vida é o respeito, e isso ninguém ganha à toa.

Tem orgulho de que nunca teve uma rusga com vizinhos; que nunca deixou de ter crédito em todas as vendas e açougues, mesmo desempregado; e que na universidade, depois da prisão dos filhos, ninguém recriminou o pai "nem com um olhar". Mas reconhece:

– Honestidade hoje é mais difícil que chuva de pedra. Vai chegar um tempo em que o homem vai ter vergonha de dizer que é honesto.

Falando da mulher, ainda usa os verbos no presente:

– Ela é boa, é quieta. Uma boa esposa é melhor que a mãe da gente. E eu perco minha esposa, e depois isto. Por isso digo que não sei se chego aos 65. Outro dia tonteei, amparei na parede e custei a chegar aqui no sofá. De repente parece que tiraram o chão dos meus pés.

– E como o senhor vai receber os dois quando saírem da cadeia?

Os olhos do homem se acendem e os olhos lacrimejam:

– Com uma festa! Se não tiver como, até empresto dinheiro pela primeira vez na vida! E, se eles quiserem, podem ficar comigo mais vinte anos, que arroz e feijão sempre tem, graças a Deus!

Na cadeia, a revolta de João Henrique dispara só uma frase quando convidado a falar do pai:

– Ele trabalhou a vida toda e o que foi que ganhou?

Os colegas que visitam Rique na cadeia concordam que mudou muito: agora fala em política, mesmo que para dizer disparates:

– Não viemos roubar dinheiro do povo, roubamos só um pouco do dinheiro do Governo.

Por baixo da revolta, continua a ingenuidade. Como quando puxa uma tragada funda, sorri olhando de lado e suspira:

– Tá certo que a gente caiu bobamente... mas fizemos um serviço bonito, não foi? Todo mundo gostou, não gostou?

Nº 5: Tiãozinho, o nervosismo

Quem não fez bom serviço foi Tiãozinho – Sebastião Cassimiro da Silva, 20 anos, que caiu do caminhão de boias-frias logo depois de começar a trabalhar com 7 anos. Bateu a cabeça, ficou "meio desregulado", conforme a mãe. Para Moreno, só isso explica porque Tiãozinho atirou nos dois assaltos, ferindo os bancários no campus e depois o vigilante no segundo assalto.

Maria Genilda da Conceição, aos 51 anos, ainda é boia-fria e precisa de enxada de cabo bem curto: é só um tiquinho mais alta que o metro e meio de Sebastião. Ela confirma o apelido que a quadrilha deu ao filho – Pica-Pau: ele dorme de bruços, batendo a cabeça nos braços a noite toda, "de modo que nem dorme, ou não sei como é que dorme. Aqui em casa, ele tinha de dormir no chão, senão ninguém aguentava a barulheira da cama".

Dona Maria mora de favor num barraco numa pirambeira, "pra cuidar do terreno, até a dona me tirar daqui" – e, para que a dona não pense que ela quer ficar de vez, conforma-se em viver sem luz elétrica. Nem precisa muito: viúva de um cidadão atropelado, chega da roça tão cansada que toma um banho ali no banheirinho colado à casa, cozinha à luz de lamparina, para a boia do dia seguinte, e dorme logo – quando não está com "o corpo todo empipocado, inchado, só vendo". Acha que é alguma alergia ou coisa que o valha, surge de vez em quando; então ela vai pedir consulta no INAMPS:

– Mas eles marcam a consulta pra um mês depois! Então a pipoqueira já passou, pareço boa de novo, não fico nunca sabendo o que tenho e eles até pensam que é brincadeira minha!

Fora do barraco, estão um fogão e alguns móveis "duma filha que descontrolou com o marido, ele queria quebrar tudo, então veio parar tudo aí. Mãe é pra tudo, né?"

É quem leva comida para Tiãozinho na cadeia, quando pode, ou então manda a filha. Lembrando da cadeia, bota as mãos na cabeça e fala olhando o chão:

– Aquilo não é lugar pra ninguém viver. Rezo todo dia pra meu filho não sair bandido de lá! Última vez que fui, ele só ficava falando em morrer, pedia pra ser morto pelos outros. Não existe coisa pior pra uma mãe ouvir. Ninguém sabe que, de tempo em tempo, a cabeça dele dói tanto que chega a gemer e até a uivar, uma semana inteira. E eu também sei que ele só fez isso por amor a mim, porque ele sempre falou: eu queria um dia ganhar dinheiro, mãe, pra tirar a senhora dessa vida. Desde rapazinho falou assim. Então eu tenho que ir lá, né, enfrentar aquilo tudo, ser revistada feito bandida pra ver meu filho.

Mas logo ela suspira fundo e se endireita na cadeira, os pés mal tocando o chão. Lamenta que o filho, quando foi para São Paulo, deixou oito sacas de café rastelado e em ponto de abanar, "mas o gato (contratante de serviços de boias-frias) deu o serviço para outro acabar". Seria dinheiro igual à quarta parte da sua pensão de viúva, cujos descontos ela nunca entende.

– Quem explica? Ninguém também explica porque esse menino fez isso. Não era de farra, nada. Com 21 anos, nunca vi pegar na mão duma moça. Dez da noite dormia todo dia. Nunca chegou em casa mais de meia-noite, nunca pegou nem em estilingue. O negócio dele era contar piada e dar risada.

Mas, três meses antes do assalto, Tiãozinho começou a mudar. Passaria a chegar mais tarde em casa, com bafo de cerveja e, depois, com roupas novas, botas – e um novo amigo, Moreno. Ela diz que bateu os olhos no homem e só esperou ele sair para alertar firme:

– Meu filho, escute tua mãe que eu não nasci ontem nem anteontem, já casei e descasei duas vezes, uma pela minha vontade, outra pela vontade de Deus, e já vi de tudo neste mundo, até olhar de cobra já vi muitas vezes. E esse homem tem olhar de cobra, ele escolhe as palavras pra falar, não presta não.

Mas Tiãozinho também foi firme. Disse que queria melhorar de vida, não aguentava mais lavar carro, limpar terreno, colher algodão, carpir café, cuidar de jardim, roçar pasto, nunca mais, agora ia vender roupas – ela sabendo: "Ele não tem tino nem pra comprar, quanto mais pra vender!"

– Pois olha, filho, com esse homem você vai é acabar atrás das grades!

Bate na boca, arrependida do agouro. Olha os pés de milho e mandioca, plantados em redor do barraco, e torna a suspirar:

– Ele mudou, de roupa nova, no alto das botas, já nem queria fritar um ovo pra comer com arroz, como fazia sempre quando chegava em casa. Sempre lavou a própria roupa, sempre me ajudou a cuidar da casa, mas agora não fazia mais nada disso. Olhei pra minha vida e vi meus sete filhos, um morto, e pensei comigo: não sei o que vai ser desse aí. Comigo não mudou, mas mudaram ele. E o que vai ser agora quando sair da cadeia? Só estudou até o segundo ano, escreve só o nome. Que é que a gente vai fazer?

Ela torra em casa e soca no pilão café que traz da roça aos punhados na sacola, já juntou dois sacos. Vai vender na vizinhança, comprar carne para melhorar a marmita a levar à cadeia para Tiãozinho, "quem sabe assim ele tira da cabeça essa ideia de se matar".

Sorridente, fazendo piadas, Tiãozinho já esqueceu o vexame da prisão e lembra como conheceu Moreno:

– Num barzinho, trocando ideias, que era só o que a gente tinha pra trocar, né? Aí vi que ele falava umas coisas certas, eu também queria melhorar, ajudar minha mãe que é a única coisa que eu adoro na vida. Então não pensei muito não, falei comigo: difícil é ficar pior.

Nega que baleou o guarda sem aviso: "Ele tentou reagir, aí atirei." E a diferença que vê entre a vida de antes e a da cadeia é muito simples:

– Antes, eu tinha liberdade só pra trabalhar, né, e aqui até me divirto um pouco. Trabalhava hoje pra comer ontem, e agora como todo dia sem trabalhar, não é?

Para acabar na cadeia, Tiãozinho foi simplório como parece. Quando a quadrilha se separa, fica com o Barba – que "não levou dinheiro nenhum". Antes mesmo de furarem completamente o cerco, o Barba já se separa de Tiãozinho, que tem no bolso dois mil cruzados, "dinheiro meu mesmo, já tinha antes do assalto".

Anda toda a noite e, depois de se lavar num riacho, "numa cidadezinha" toma um ônibus para Sorocaba, onde toma outro para São Paulo. Lá, encontra Antonio Marcos Rodrigues, 23 anos, outro irmão de Valter e Moreno. Antonio Marcos leva Tiãozinho até a rodoviária e daí decide ir com ele até Londrina. Alguns dias depois, de novo em São Paulo, se entregará à polícia no lugar de Valter, para que o irmão não seja preso; mas, como Valter se entrega em seguida, Antonio Marcos acabará solto.

Enquanto isso, Tiãozinho vai para Bela Vista do Paraíso, a terra de bóias-frias e grandes fazendas, onde o primeiro ônibus do assalto quase chegou. Lá, pede guarida a um padrinho, é denunciado e se confessa aliviado quando é preso. É o único que diz ter sentido medo durante o assalto:

– Claro! Tanto que tive muito medo de morrer, não de bala, mas de medo mesmo!

Nº 4: Valter, a tranquilidade

Como os Sete Anões, cada um tem uma característica marcante – e a tranquilidade é de Valter Antonio Rodrigues, irmão de Moreno, 22 anos e 1 metro e 80, o alto da quadrilha. A mesma tranquilidade é o que primeiro se nota na mãe, Luzia Lúcia Domingos Rodrigues, empregada doméstica que só consegue cuidar da casa e dos dois filhos do segundo casamento depois que volta do serviço à noitinha.

A casa repete, com algumas variações, as das famílias de Sebastião e dos irmãos João Henrique e Ricardo. É uma edícula num bairro operário, onde o asfalto só chegou muito depois das casas e ainda há muitos terrenos baldios. No terreiro, pés de café, cana, bananeiras, limoeiros. No chão, uma lança feita de pau de vassoura e canivete, brincadeira dos meninos. Na sala, onde os sofás se apertam tanto que a mesinha mal cabe, varais secam roupas dos filhos presos. Ali nos sofás dormiam os dois meninos, o casal dorme no único quarto. A cozinha dá para o tanque, e das rachaduras do cimento brotam samambaias, avencas e alecrins. Vinhos ganhados dos patrões, no Natal, um mês depois ainda estão enfeitando a prateleira.

Casada aos 15 anos, aos 51 Dona Luzia já trabalhou "com tudo: costurei pra fora, catei café, bati enxada". Quando Moreno tinha oito anos e Valter nem se lembra, ela separou do primeiro marido e logo depois pegou tuberculose, foi com Valter para o sanatório enquanto Moreno ia para o orfanato. Sempre tão tranquila, diz que agora anda nervosa, embora não se perceba qualquer nervosismo. Até esqueceu a bolsa com dinheiro e documentos no supermercado onde foi comprar um frango para levar aos filhos na cadeia. E de repente desabafa, riscando a toalha com as unhas:

– Nem consigo mais trabalhar, tem uma ânsia no estômago que sobe e desce, e as costas doem como se tivesse batido roupa no tanque o dia inteiro! É que não me conformo, só fico pensando. O Neno sempre foi inteligente e também obediente, prestativo, carinhoso, tudo de bom que se pode dizer de um filho. Nunca soube dele brigar com ninguém. Quando eu ia visitá-lo em São Paulo, ficava feliz de ver como todo mundo gostava dele, era conhecido da vila toda. Tem tão bom coração que todo mundo viu, deu dinheiro pra tanta gente no assalto. Mas por que o Valter também? Quando era menino, o Neno até gostava de caçar passarinho de estilingue, ou com alguma espingardinha de pressão emprestada. Mas o Valter, nem isso. Será que é castigo? Mas por quê?!

A explicação de Valter é mais simples:

– Embarquei na coisa na última hora, mas já andava de saco cheio fazia tempo. Eles todos falavam que trabalho não dá mais camisa pra ninguém neste país, e de repente vi que tinham razão.

Namorando há seis anos – "minha primeira namorada e vou casar com ela" – Valter começou a trabalhar fora de casa também menino ainda. Em casa, passou anos cuidando dos irmãos menores. Como servente de pedreiro, aos 13 anos, também não foi registrado, e tudo que ganhava dava para a mãe. Um dia, resolve seguir Moreno, vai para São Paulo morar também com a irmã.

Na metalúrgica onde trabalhou três anos, também não foi registrado, "sempre ganhando salário de menor e fazendo trabalho de maior". Já na maioridade, continuou com salário menor, sem reclamar para não perder o emprego. Um dia, passa fiscal e obriga o registro. É registrado e depois despedido. Passa a sonhar com trabalhar na Condulli, a mesma metalúrgica onde estão Moreno e Ismael. No dia 4 de agosto de 86, lembra exatamente, consegue emprego como auxiliar de trefilador, e trabalha até 7 de dezembro de 87, quando pede licença para ir a Londrina de ônibus com Ismael e Ricardo.

No banco, diz que só teve medo na hora de entrar:

– Também pudera: Rique esqueceu de pegar o revólver dele no táxi, eu entrei com dois debaixo da jaqueta pra entregar um a ele, e eu sou magro, ficou aquele barrigão!

De tudo, o que mais sente é não poder casar este ano como tinha planejado. E, de resto, é um dos suspeitos de ter ficado com todo ou parte do dinheiro não recuperado, 4 milhões e 700 mil cruzados.

Acontece que, depois de vagar pelo mato durante uma semana com Moreno e Ricardo, Valter deixou os dois esperando escondidos, tomou banho num riacho, vestiu roupas novas compradas por Ricardo num posto-mercado da Castelo Branco, e foi para São Paulo a pé. A certa altura, pegou ônibus até Taboão da Serra, onde soube que Moreno e os outros já estão presos e a casa da irmã cercada.

Através de amigo, pede a ela um juiz, um padre e um advogado para se entregar – "com garantia dos três de não deixarem a polícia me matar". Depois, sabe que Antonio Marcos se entregou em seu lugar, e inocenta o irmão.

Na cadeia, puxa uma tragada e confessa:

– Me prensaram um pouco pra contar onde deixei o dinheiro que falta. Se estivesse comigo, até que tinha valido a pena. Agora – suspira – só quero sair daqui, arranjar um emprego, casar e viver em paz o resto da vida.

Por lógica – e apenas por pura lógica a partir dos depoimentos – o dinheiro que falta terá tomado um, vários ou mesmo todos estes destinos:

- Está em São Paulo, levado por Valter,
- Está com o advogado Laertes,
- Está com a polícia de São Paulo, especialmente a Rodoviária, que ficou horas com as bolsas e sacolas deixadas na caminhoneta,
- Está com o Barba.

– Mas que importa o dinheiro? A certa altura, eu nem me interessava mais por dinheiro, queria só tranquilidade – Valter torna a suspirar, cata o último cigarro do maço. E de repente sorri:

– Apesar de tudo, até aqui na cadeia não é tão ruim. Não digo que vou sentir saudade, mas não é tão ruim como sempre ouvi dizer. É tranquilo...

Nº 6: Ricardinho, a ingenuidade

Ricardo de Souza Caetano, irmão de Rique, tem 17 anos e, pela lei, não deveria estar na mesma cadeia que os outros — ou, pelo menos, em instalações próprias para menores. Mas não se acha prejudicado, numa cela com traficantes e arrombadores.

— Não vi aqui nada que já não tinha visto, até me tratam muito bem.

Ele concentra toda a ingenuidade distribuída pela quadrilha. Mesmo o Barba, de comportamento sempre mais realista e objetivo, cometeu a ingenuidade de participar de tal assalto com tal quadrilha. Mas Ricardinho acha tudo muito natural:

— Pra mim, foi tudo bem feitinho, só demos azar no final. Se a gente tivesse dinheiro trocado, nem eu nem Moreno teríamos sido presos.

Auxiliar de topógrafo, também não registrado, antes servente de pedreiro aos 15 anos, lavador de carros, empacotador de supermercado, carpidor de lotes, a biografia de Ricardinho parece copiada dos outros. Mais tímido que o irmão, também se libera a partir de quando conhece Moreno, já cansado de abrir mato a facão e carregar o teodolito do topógrafo. Pega um mês de salário, pede as contas, fica flanando um mês e, depois, também vai para São Paulo viver na casa de Moreno e "vender roupas".

No primeiro assalto, encarregado de render o motorista de táxi, mostra toda sua ingenuidade:

— Não fique nervoso, tio, não vamos fazer mal pro senhor. É o nosso primeiro assalto.

Engatilha a arma na nuca do motorista, mas, depois, não sabe desengatilhar, passa para Moreno, que acaba levando o revólver para o assalto e deixando com Ricardinho um jornal dobrado como se fosse a arma.

No banco, Ricardinho é o assaltante que pergunta às moças se têm namorado. No tiroteio na rodovia, ficou com medo:

— E se um deles ficasse ferido, principalmente meu irmão, o que eu ia fazer? Foi só aí que pensei que a gente podia até morrer!

De São Paulo, Ricardinho lembra de ter ido ao cinema e ao salão de dança. Mas os olhos se acendem é quando fala de carros:

— Queria um Opala Comodoro. Porque é espaçoso e bonito, um carrão, não é?

O dinheiro do assalto, "ia deixar por conta do Rique, a gente ia viver junto".

Acaba vivendo os piores sete dias da vida.

Quando a quadrilha se separa, fica com Valter e Moreno, que faz questão de cuidar do menor. Do dia 11 ao dia 17, vagam por estradas rurais, matos e matas, capoeiras e ribanceiras.

— A gente bebia água de riacho, matava a fome num instante. Aí, num instante, ela voltava. Comemos limão com casca e tudo. Uma melancia pequenina e bem verde. Umas mixiriquinhas que nem caldo tinham. Mas tudo servia, a gente estava que nem porco, fuçando qualquer coisa.

Um dia, derrubam um palmito pequeno, comem cru. Passam por brejos, mascam talos de taboa. A faca de Moreno vale mais que as armas.

Deitados debaixo de eucaliptos, sonham com água, olhando as nuvens que engrossam e escurecem, cheiram chuva no vento. Cai uma chuvinha, mal dá para empapar as roupas e espremer. Lambem folhas molhadas. Uma noite, bebem de uma poça.

A água dos riachos, quando acham, dá tontura depois. Não imaginam que possa ser por causa de agrotóxicos.

Um dia, param no casebre de um sítiozinho, pedem água e comida. O casal de velhos pergunta se sabem de um tal assalto, a polícia andou revirando tudo por ali até uns dias atrás. Moreno responde perguntando o que é que eles sabem, e então fica sabendo de Ismael e Rique já presos. Moreno se abate e confessa:

— Nós também somos assaltantes. Mas ajudem a gente, pelo amor de Deus!

Os velhos dão comida, Moreno dá um maço de dinheiro da maleta; agora, anda só com ela, a pistola e um cinturão de munição.

Estão sujos, os sapatos desfeitos, as roupas rasgadas e todo o corpo coça. No sétimo dia, pedem água numa fazenda. O dono ou capataz, armado, vem até a cerca com um balde de plástico.

— Podem levar o balde e desapareçam. São os assaltantes, não são?

Moreno, com o cinturão de balas bem visível, diz que não — e dá as costas, agora deixando ver a pistola enfiada na cinta; uma cena que Ricardinho não esquece.

— Aí vi que a gente andava meio perdido, Moreno não ligava pra mais nada, já estava meio entregue.

Mas Moreno tem mais uma de suas inspirações: ir para a rodovia, comprar roupas, tomar banho e ir para São Paulo. Afinal, a polícia já levantou o cerco conforme o velho do sítio, e a maleta tem dinheiro para o que der e vier.

Renascem, vão em marcha batida para a rodovia. No asfalto, cruzam com um velho andarilho, em andrajos, com um pão duro na sacola.

Moreno estende uma nota de 1.000:

— Vende o pão, vô.

— Não posso, filho, não posso.

— E uma nota de mil cruzados, vô, um milhão de cruzeiros! O senhor vai comprar muito pão!

— Mas não posso vender não, meu filho, não posso. Deus te guie.

Anoitece. O velho informou que há um posto adiante, e eles vêem as luzes. Ricardinho vai pensando só uma coisa no ritmo dos passos: comida, comida, comida, comida.

Já perto, Valter e Moreno ficam no mato, ele vai até o posto, que tem lanchonete, restaurante e mercado até com roupas. Pede ao frentista Zé Neguinho que vá comprar 6 marmitex — e dá uma nota de 1.000. Para Ricardinho, "aí começou o azar".

Zé Neguinho volta com a encomenda e recebe o troco de gorjeta, 400 cruzados, mais do que ganha em dois dias ou mais! Fica olhando Ricardinho atravessar com medo a pista, a pilha de marmitex quase caindo.

Na maleta, Moreno leva 5 milhões e 700 e tantos mil cruzados. Come com as mãos e com a maleta no colo. Depois, sentem uma tal moleza que Ricardinho dorme e nem lembra de ter passado frio como em todas as outras noites no mato.

Amanhecem embolados. Comem os restos, andam até a beirada duma cidadezinha, bebem num riacho, voltam para o mato.

Moreno manda Ricardinho comprar roupas. Sujo mesmo, Ricardinho compra três calças e três camisas de tamanhos diferentes. Volta e tomam banho no riacho. Valter se veste e vai para São Paulo.

É hora do almoço, a fome já voltou parecendo até pior que antes. Moreno brinca que estavam acostumando sem comer, comeram, a fome revoltou. Mas, antes de comer, resolve beber umas cervejas,

Ricardinho vai buscar meia dúzia de latas. Desta vez, não dá gorjeta, mas sente "alguma coisa no ar", pensa em não voltar mais ao posto.

No entanto, bebem as latas e Moreno pede mais três, e lá vai ele.

Vê viatura da Polícia Rodoviária na frente do posto, mas continua em frente. Um policial está na porta da lanchonete, de braços cruzados como quem espera, mas Ricardinho continua em frente. Zé Neguinho indica com um gesto quando ele passa, mas Ricardinho disfarça entrando como quem não quer nada; afinal, está limpo e de roupa trocada, "não é?". Compra as três latas e dois maços de cigarros, toma uma Fanta e come uma coxinha. Vai saindo, é pego pelo braço e o policial diz: "Meu filho, você é suspeito de assalto". Ele diz que não, está passeando na casa de um tio aí perto, por isso pediu tantas marmitex ontem. O policial pede documentos, ele dá carteira do INAMPS e registro de nascimento, mesmo sabendo que um Souza Caetano já foi preso pelo assalto.

Recebe as primeiras algemas da vida e, já na delegacia de Itu, um choque no pulso.

— Só pra experimentar, porque iam mesmo é me afogar, disseram, então entreguei o Moreno.

Leva duas dúzias de policiais até Moreno, tardezinha já. Mas Moreno, apesar de estranhar tanta demora, continua lá como se esperasse pelos homens. Nem se esconde, mas os policiais, de tão excitados, passam várias vezes por ele até verem que está ali sentado no chão.

É espancado antes mesmo de ser algemado e reage pela palavra:

— Que isso, senhores? Fui bom com os senhores, tive vários na mira e não atirei, e agora me batem feito cachorro! Os senhores não têm família?

Os policiais olham o cidadão que fala feito professor, respeitoso e ferido nos brios e direitos.

— Você tem razão — os policiais reconhecem — Você é uma peça rara, cara.

E não botam mais a mão no homem que sobe algemado a ribanceira, com cuidado para não pegar picão nas calças novas, perguntando dos companheiros presos e lamentando ter dado tanto trabalho.

Ricardo lembra a cena com um sorriso tímido, e depois é sua vez de suspirar:

— O azar começou com aquela gorjeta gorda demais. Por que o Moreno não pegou também algum dinheiro miúdo?

Azar mesmo têm os dois que, cinco dias depois do assalto em Londrina, tentam coisa semelhante no Ceará. Durante cinco horas, eles mantêm 30 reféns numa agência de Fortaleza, e a negociação também é iniciada por um repórter. Mas o gerente, isolado em outro setor do prédio, diz que dali só levarão chumbo grosso. Em seguida, a polícia invade o prédio e mata os dois.

Em Londrina, o redator-chefe da *Folha de Londrina*, Walmor Macarini — com dois processos pessoais na Justiça contra bancos — escreve:" É certo que os bancos são grandes assaltantes. Estão sempre impunes. Quem já não foi assaltado por eles? Só quem não tem conta em bancos, quem nunca fez papagaio, quem nunca descontou duplicata. Se você faz título, o banco te assalta com a venda de um seguro. Para não falar nos juros escorchantes, arbitrados pelo próprio banco. E quem foi que não encontrou lançamentos de débitos estranhos em sua conta bancária? Conta de banco é como bananeira: você corta e ela brota sempre. Se você a zera, dois meses depois tem saldo devedor nela... Por isso, estamos vivendo dias em que a população está do lado do assaltante — se o assalto for a banco."

Chamada geral

Cinco da tarde, na cadeia de Londrina, começa um grande e rotineiro movimento: é a hora de recolher os presos do pátio e dos corredores para as celas, onde ficarão trancados até as oito da manhã. Algumas celas têm latrinas, outras só têm a "jeitosa", geralmente uma lata sem tampa. Então, quando os carcereiros começam a fazer a chamada para as celas, alguns dos presos resolvem ir até o mitório, outros resolvem tomar banho, e a recolha acaba demorando quase uma hora.

Nos primeiros dias depois do assalto, a carceragem nota um movimento incomum nas ruas em redor da cadeia: muitos carros dirigidos por mulheres.

Na cidade, a maioria torceu pelos assaltantes e, depois das prisões, o sentimento foi de decepção. Mesmo assim, grafitaram alguns muros com uma longa frase: *"Liberdade para os assaltantes do Banestado, pensão para os políticos corruptos!"*

Na primeira entrevista coletiva, a quadrilha decepciona pela inexperiência e simploriedade, mas Moreno, sorridente e charmoso, ganha a simpatia da imprensa. Na televisão, parece um candidato a vereador falando animado.

Sorriem, piscam para as câmeras.

No domingo, recebem na cadeia várias visitas femininas — que, nos dias seguintes, continuarão a enviar bilhetes, cigarros, perfumes, chocolates e outros agrados, especialmente para Moreno e Ismael. Mas a primeira visita desestimula qualquer apaixonada a voltar.

A cadeia de Londrina é um sobrado, por apelido *Casarão* ou *Casão da Rua Sergipe*, com quase meio século, paredes de dois palmos. No sobrado da delegacia, ao lado, as paredes também são muito sólidas, feitas com tijolos antigos, grossos e pesadões. Mas tijolos da mesma época, no sobrado da cadeia, estão bichados, esfarelando — de tão esburacados para esconder estiletes, maconha e outros instrumentos e gêneros *"de primeira necessidade"*, como se diz lá dentro.

De vez em quando, algum carcereiro passa batendo nas paredes com um cassetete, para descobrir onde estão ocas, e assim muitos tijolos já foram substituídos. As grades originais também já foram serradas e trocadas há muito tempo. Na própria tarde do assalto, quando só estava na delegacia o pessoal do plantão, dois presos tentaram fugir usando uma *"teresa"*, a corda feita de lençóis.

Para receber as visitas, os presos — que no calor ficam só de cuecas ou calções — vestem roupas, dão faxina nas celas. Mas isso não melhora muito as coisas para os visitantes. A visita começa com uma longa e demorada fila para revista. A policial feminina pede para que a visita tire quase toda a roupa, fique só com as roupas íntimas. Se houver alguma suspeita, estas também serão revistadas e, eventualmente, a mulher será convidada a agachar para se verificar se leva alguo embutido na vagina. Até cueiros de nenê podem ser desenrolados. Depois, passa-se por três portas gradeadas e descobre-se que a cadeia é um pátio quadrado de paredes altas, corredores sombrios e celas fedidas com colchões mofados. Nada romântico.

Mas os casais se ajeitam. Cobertores são pendurados como cortinas nas celas, e os casais transam nesses cubículos enquanto, sentadas no chão do corredor, mães comem bolachas com os filhos marmanjos, outras amamentam nenês e travestis passam com peluda delicadeza. No ar, cheiro de maconha. A carceragem sabiamente tolera:

— Só se um ginecologista examinasse toda mulher que entra aí...

— De mais a mais — outro policial emenda — aqui entre nós, se não entrar maconha na cadeia, dá motim. É o que relaxa o pessoal...

Essa tolerância é especialmente necessária no Natal e Ano Novo, festas que na cadeia sempre dão muita depressão e revolta. Por isso, permite-se entrar um pouco de cerveja ou vinho em sacos plásticos, para acompanhar os assados levados pelas famílias ou pelas chamadas almas caridosas. O que a carceragem raramente viu ali é champanhe, que chega para Moreno e seu pessoal no Ano Novo — com iguarias, até um inacreditável peito de faisão assado.

Os PMs da carceragem se vingam na hora da chamada no próximo domingo de visitas. As pessoas ainda estão saindo quando começam chamando João Henrique:

— Ex-milionário, cela 2!

Depois chamam Moreno:

— Ídolo de barro, cela 4!

Depois, Tiãozinho:

— Billy Kid, cela 6!

Eles vão para as celas debaixo das gozações de soldados e dos presos. Mas Moreno apenas sorri, confiante na sua força interior. Ainda é chamado de *"laranja"* — novato, trapalhão — mas isso não altera a bela imagem que faz de si mesmo. Aos interrogatórios no Fórum, vai de gravata e paletó de linho branco — o mesmo que deixou no mato e a polícia recuperou, a mãe lavou e passou.

Os carcereiros chamam Ricardinho:

— Rei do marmitex, cela 7!

Apreciador de boa comida, Moreno é obrigado a enfrentar, várias vezes por mês, um dos alimentos triviais da cadeia e que quase o matou na infância: repolho. Mas acredita que superará tudo:

— Tenho força interior. Ainda estamos no dia seguinte ao assalto, um dia que pode demorar anos mas vai passar, e então, quando sair da cadeia, amanhã será um novo dia.

Para quase todos os reféns, o dia seguinte foi melhor. Com exceção de Leninha, os bancários somaram pontos positivos para a carreira.

O delegado deverá ser promovido.

O advogado promoveu-se.

O repórter ganhou do jornal uma coluna diária assinada.

O capitão e o coronel, principalmente este, já não agradaram tanto a seus superiores e à tropa — que viram, na atuação dos dois, uma colaboração dispensável. Causaram *estranheza* as declarações do coronel sobre Moreno, logo após a libertação dos reféns:

— Nunca vi tanta capacidade de liderança. Qualquer militar teria muito a aprender com ele.

Quando disse isso, o coronel certamente não sabia que Moreno deixara a própria carteira de identidade no paletó abandonado. Talvez devido ao cansaço e à tensão, o coronel também não percebeu a pouca idade da quadrilha, nem supunha que era formada por três metalúrgicos, um boia-fria, um menor e um auxiliar de vidreiro.

Por via das dúvidas, dois oficiais do Exército passam uma tarde interrogando os seis, para checar qualquer envolvimento com grupos políticos ou coisa que o valha. Tempo perdido. Só encontram uma revolta pela situação econômica do país.

Nas audiências com o juiz, os seis são unânimes em apontar o Barba como líder da quadrilha e planejador do assalto, certamente para se livrarem do delito de formação de quadrilha. Os fatos, porém, apontam Moreno como o líder, embora a formação da quadrilha decerto tenha se dado naturalmente: Moreno tanto procurou como foi procurado pelos outros. Já conhecia João Henrique desde a infância, no mesmo bairro.

— A gente foi se encontrando — lembra Moreno — e o assunto era sempre um só: a falta de dinheiro. Até que um dia faltou até pro Bombril, coisa que sempre teve de pacote em casa. Aí comecei a achar que o Barba é que tinha mesmo razão: quem não nasce rico, pra viver bem neste país, só mesmo fora da lei.

Liderança ou loucura

Começa a escurecer. Na cadeia, no fim da tarde, o entra-e-sai de marmitas e tambores de lixo, passando por grades e mais grades nos corredores, faz uma barulheira de irritar um monge. Os chamados "presos de confiança" arrastam os tambores pelos ladrilhos, os PMs abrem os cadeadosruidosamente, batem as portas com estrondo, uns e outros parecem usar a força para espancar a rotina. No pátio, um preso só de calção acabou de fazer ginástica e, antes de entrar para a cela, pula com os dois pés na parede, batendo sempre nos mesmos pontos entre as figuras do Tio Patinhas e um Irmão Metralha. Pela marca na parede, ele deve fazer isso todo dia, muitos dias. Há presos que já foram sentenciados mas continuam na cadeia pois as penitenciárias estaduais, na capital, estão lotadas.

Moreno e seus companheiros ficarão na cadeia de Londrina até o final do julgamento e, depois, na penitenciária até pelo menos um terço da pena, quando poderão passar para a colônia agrícola. Com bom comportamento, todos poderão estar livres em quatro a seis anos no máximo.

Jesus Cristo também está pintado numa parede do pátio; na outra, o Pateta. Moreno passa o olhar duma figura para outra, suspira pegando a marmita que a mãe trouxe e o carcereiro entrega repetindo como sempre:

— Se não fossem as mães, vocês passavam fome, cambada.

Moreno fica com o olhar perdido no chão; quando volta a encarar, fala da mãe como se ela estivesse do lado:

— Pois é, parece que a gente acaba se afastando de quem mais ama. Agora, pelo menos, estou perto da minha mãe...

Suspira, cheira a marmita e vai para a cela. Da carceragem, dá para ouvir o estrondo da última cela fechando. O carcereiro reclama que, com o dinheiro que o Governo dá por dia para alimentar cada preso, cada refeição é um milagre que se repete. Afinal, vinte cruzados é o preço de um refrigerante.

Logo os policiais estão falando do Brasil. Carestia, salários, políticos, governo e povo corruptos, acabando na velha pergunta: onde será que vamos parar?

— Só tem jeito se aparecer um líder.

— Mas só um louco pra se meter a consertar isso.

Nisso, Moreno manda da cela um bilhete em letra muito caprichada: tem uma coisa para mostrar na visita seguinte.

É um desenho a lápis de cor, que ele entrega dizendo que é um presente (e que serpa perdido na primeira edição deste livro). Então fica claro porque, na casa onde lancharam antes do assalto, na periferia da cidade, ele lavou a louça depois de comer. Também fica claro porque tanto cuidado com roupas, unhas bem cortadas, a cela limpa. O desenho também explica porque ele resolveu assaltar quando faltou Bombril em casa. São traços calcados em ziguezague nervoso, típico do obsessivo — geralmente maníaco por limpeza e detalhes.

Os traços revelam também uma personalidade primitiva, que age mais pelo instinto que pela razão. Senão, claro, não escolheria aquela enorme agência bancária para assaltar.

Talvez não quisesse assaltar, mas ser preso. Afinal, carrega a culpa de ter tentado se vingar do próprio pai. O pai que tanta falta fez na infância, quando o menino teve de viver no orfanato. O pai com quem trabalhou duro na adolescência. O pai que deveria custear uma vida melhor para o filho, já que falhara tanto até então.

No desenho, a figura paternal clássica — o sol — aparece encoberto pelas montanhas de uma dura realidade. No entanto, é um sol radiante, bem como é desenhado pelas crianças. Uma promessa de felicidade, boa vida, reconhecimento e afeto, tudo possível com dinheiro — que o pai deve, e o filho se acha no direito de cobrar. Como, porém, o pai não tem dinheiro, o filho enjeitado transfere a cobrança para o pai de todos, o Estado. Várias vezes, no banco e no ônibus, Moreno fala que só assalta bancos do Estado.

E, assaltando em Londrina, acaba como decerto queria intimamente: perto da mãe. O menino volta ao regaço para descansar, virar homem. A cadeia é um útero onde repensar o passado é renascer, isolado como na casinha do desenho, cercada de arame farpado.

Lá estão as montanhas marrons, fálicas e culposas, diante do homenzinho que pesca em águas turbulentas. Ali está o descobridor tardio do sexo, o amante da boa mesa, vendo tudo ameaçado pela carestia e o baixo salário, a turbulência entre os desejos e a realidade.

Mas, em vez de encarar a realidade, o homenzinho pesca ao lado de fantasiosos patos na água revolta. As cores entrelaçadas ou superpostas sugerem confusão emocional. O mesmo homem que comanda homens bem armados, é um cavalheiro atencioso. Atira nos pneus de um carro e metralha outro, mas avisa que o ônibus parará sempre que alguém sentir *"necessidade fisiológica"*, conforme a linguagem própria de quem procura reconhecimento.

O mesmo homem confessa que esteve pronto para derrubar um helicóptero, mas ainda lamenta o guarda ferido no banco. É fascinado por armas — formas fulminantes de poder — mas por duas vezes deixa de atirar à queima-roupa em policiais na rodovia.

O menino enjeitado pelos colegas de escola e companheiros de fábrica, o mesmo menino que compra uma jaqueta cor-de-rosa com o primeiro salário, finalmente acha gente em quem confia e forma sua turma. Todos — menos o Barba — têm menos experiência, são tímidos ou ingênuos, não questionam e admiram o chefe: afinal, ele comandou um assalto que deu certo, no campus, e todos puderam provar como é bom ter dinheiro para se divertir além de apenas sobreviver.

Embora um inibido no fundo, Moreno compensa isso se afirmando sempre, até se achar um líder social: discursa no banco, no ônibus, dá entrevista ao repórter, e até ao ser preso repreende os policiais e pede tratamento digno. Como todo líder, afirma-se pela ação e pela palavra.

E pela criatividade. Faz da escopeta uma metralhadora. Cria um sotaque despistador. Assalta um grande banco e não se assusta de ficar horas lá dentro, cercado; sabe que dará um jeito. Pede um ônibus com vidros fumê. Inventa o cordão humano para escudar a retirada. Troca de ônibus três vezes, passa o dinheiro dos malotes do banco para bolsas e sacolas de formas e cores variadas.

Como bom obsessivo, pensa em muitos detalhes: os capuzes e máscaras, as cartucheiras para munição, as roupas extras — detalhes como, no desenho, as florzinhas à beira d'água ou o lagarto trepado na pedra. Mas, atento às miudezas, esquece os horizontes: sai do banco sem qualquer plano de fuga, embora tivesse pelo menos sete horas para pensar nisso. Provavelmente porque, desde o início, no fundo, não quer assaltar, mas ser punido pelo pai — no caso, o Estado, através da polícia e das leis.

Olhando bem, não é o desenho de um homem de 27 anos, mas de alguém com a idade emocional de um menino de, digamos, 11 anos, ainda na fase latente, tudo conforme os psicólogo consultado que se quer anônimo, quando os desejos primitivos são abandonados diante da realidade. Moreno assalta confundindo fantasia e realidade, daí decerto sua frieza: simplesmente não tinha consciência perfeita dos riscos que corria, e assim transmitia aos outros, inexperientes, a impressão de um absoluto controle da situação. Não é à toa que o Barba se rebelou contra tal liderança.

Assaltante que cuida dos reféns até com carinho, revela a falta de crítica própria de um rapazola. O assalto seria, assim, uma *brincadeira*. Uma sondagem típica da passagem de menino a rapaz, quando não se sabe o que virá mas já se sabe que as mudanças sempre vêm. *"Vamos fazer um assalto e ver o que acontece"*, depois daquela infância, do casamento frustrado, as penosas descobertas amorosas, a própria desconfiança de que o homem ainda é menino, brigando com a noiva por ciúme de artistas da televisão; um menino que tem por primeira amante uma menina.

Esse menino sem pai, daí sem normas nem limites, é no entanto um líder. Não deixa um milímetro da página sem pintar. Da mesma forma, ocupa todos os espaços no assalto: é chefe, porta-voz, defensor dos reféns e oprimidos, patrulheiro que, no campo de soja, passeia sua solitária liderança enquanto os outros aguardam.

Mais que líder, ele passeia pela soja se vendo como herói. Por isso não aceita o convite do Barba, para dividirem dinheiro e se dispersarem, continuando a fuga em carros. Não, Moreno quer todos juntos até o fim, para o bem ou para o mal, como um grupo de mocinhos. Mais tarde, cercados na mata, tem de concordar com a separação — mas, com a responsabilidade própria de herói, faz questão de ficar com Ricardinho.

Problemático e contraditório como todo herói, Moreno é, ao mesmo tempo, o assaltante que dá dinheiro aos reféns, tentando aliviar o fardo da culpa. Justiceiro, dá a cada um conforme sua importância — pois é o mesmo rapaz que deixa o primeiro emprego por não achar justo não darem leite a quem lida com tintas. É o herói que quer ser reconhecido e que, simploriamente, pede identidade profissional do repórter e do advogado, exige negociar direto com o comandante da Polícia Militar: do mesmo modo como quer ser reconhecido, reconhece o status alheio.

É também o cidadão sensível, que abandona seu melhor emprego porque, depois de perder um salário, é gozado pelos colegas. No banco, todos vêem que, quando percebe que o guarda foi baleado, Moreno irrita-se, fica tenso daí por diante. *"Aí tudo perdeu a graça"*, confessa; ou melhor: o menino vê, de repente, que a brincadeira é para valer.

Os patinhos na água turbulenta revelam imaturidade afetiva e ambição, desejo de conquista, tudo conforme elementar psicologia. Nos coqueiros — árvores paradisíacas, mas traçadas de forma torturada — os frutos são bem calcados: novamente desejo de triunfo, fixado desde a infância; também desejo de mostrar capacidade, e necessidade de estima. O homem é um vulcão de sentimentos soterrados.

Da chaminé, sai uma coluna vertical de fumaça, sinal típico de adolescente a sofrer pressão para adaptação social, muito frequente em desenhos de jovens depois do serviço militar. Com efeito, Moreno procura sempre disciplinar-se no assalto, adotando comportamento militar, sempre tático, a ponto de ganhar a admiração do coronel. No entanto, ao mesmo tempo se perde no itinerário, e o próprio coronel afirma que não seria necessário tomar o último ônibus, lerdo, quando o anterior ainda não estava identificado pela polícia.

O teto da casa, muito elaborado com traços fortes, reflete muita compulsividade, e é frequente em ansiosos e pré-psicóticos. Ao reconhecer que "tudo parecia um sonho", Moreno também identifica sua própria confusão, que as águas revoltas representam, mas onde um homenzinho pesca tranquilidade. Talvez, o próprio Moreno buscando um prêmio para tanta ousadia.

Ali está o "Neno", o "Mano", apelidos de Moreno antes do assalto. Um sujeito calmo, caseiro, manso, inibido, terno e carente de ternura — e que, de forma reativa, procura fazer o contrário do que é. Torna-se o líder ativo, comandante, falante, decidido, o chefe de uma quadrilha, à procura da Solução Mágica típica do rapazola que procura tesouros através de mapas que ele mesmo desenha.

O tesouro está lá no banco do Pai Estado, tão falho quanto o pai mesmo. Se não conseguiu o tesouro, o menino tem, ao menos, a punição merecida e esperada, pois, no fundo, sabe que precisa virar homem, ser respeitado como o delegado, o advogado, o repórter, o coronel, com quem brincou de assalto.

Na cadeia, parece até feliz. Afinal, agora tem tempo de sobra para aprender violão. Não consegue disfarçar a satisfação quando perguntam se vai ser candidato a vereador: finalmente, é reconhecido. Mas aprendeu uma lição:

— Isto aqui é uma escola, de onde sai pior quem não tiver força interior. Sempre fui trabalhador. Quero sair e mostrar que posso fazer uma vida nova pelo trabalho.

Fala como um desses tantos empregados que se tornaram empresários com o Plano Cruzado, e agora estão quebrados mas se recusam a viver novamente de salário:

— Empregado, nunca mais: só se vê injustiça, só se sente revolta.

Suspira aliviado. Afinal, está livre de tantos encargos. A liderança, a família, todo aquele dinheiro, a infância e suas heranças, as culpas, as armas. Não crê mais em solução mágica:

— Esse assalto foi mesmo uma ilusão. Parecia que ia dar certo, mas só parecia. Saindo daqui, vou trabalhar por conta, mas fazendo tudo direitinho, planejando antes, prevendo tudinho pra não errar.

Um policial militar está ouvindo e pisca matreiro:

— Cadeia só tem dois tipos de presos, os inocentes e os arrependidos...

Moreno, o futuro empresário, sorri feito menino arteiro:

— A gente teve sorte, não teve?

Em volta, os presos se animam falando do assalto, riem, apontam erros.

— O que aconteceu foi que vocês não são bandidos, ué! Assalto de banco é pra profissional.

— Se todo mundo que tem vontade assaltasse, não existia banco no mundo.

Moreno parece concordar, cortando com pachorra as unhas do pé; tempo é mesmo o que não falta na cadeia. Mas ainda se acha injustiçado pelos tempos, guarda mágoa do Plano Cruzado:

— Deram uma vida melhor pro povo e depois tiraram. É pior que assaltar, não é?

Um preso veterano de cadeias entra na conversa e — em resumo — acha que aconteceu apenas que, num tempo assim, tal quadrilha se juntou em torno de tal líder, e diante de tal polícia fizeram o que fizeram, fugiram como fugiram e foram presos como foram, *"tudo bem conforme o Brasil, né"*.

Sim. Conforme um travesti pinçando as sobrancelhas ao lado do Pateta, foi mais que um simples assalto:

— Foi um assalto à brasileira, meu bem.

SEIS MESES DEPOIS

E encerra-se assim,
senhoras e senhores, mais um
assalto à brasileira...

(Um radialista)

Uma semana infernal

Meses depois daquele 10 de dezembro, assaltos com reféns viraram rotina no noticiário nacional — e, enquanto Moreno e seu pessoal vão para a última audiência no Fórum, outro assalto bate um recorde. O assalto de Londrina foi recordista em número de reféns. Agora, em Goio-Erê, Oeste do Paraná, dois homens mantêm numa agência do Banco do Brasil o mais longo dos assaltos.

Nas audiências anteriores, Moreno e os outros foram para o Fórum em duplas ou trios, mas agora é o dia da sentença. No bar em frente à Cadeia, policiais civis assistem à complicada operação dos militares: como não há viaturas para levar os presos em três duplas, é preciso acomodar três presos e quatro policiais em cada uma. Moreno tem de se sujeitar a amassar um pouco a roupa. Entrando na viatura, ele recebe um bilhete de uma menina que volta correndo para uma mulher na esquina.

Quando a viatura passa por elas, Moreno acena algemado e sorri com o seu cavanhaque.

— É um transformista — comenta o escrivão no bar — ainda vai acabar manequim ou ator. Ele não leva mesmo jeito?

Os policiais ouvem rádio: o assalto em Goio-Erê continua em negociação para a fuga dos assaltantes e libertação do gerente da agência, único refém depois de seis dias desde que foi dada a voz de assalto.

— Uma semana infernal! — bufa um radialista cansado; alguns estão cobrindo o assalto desde o segundo dia e já entrevistaram os mesmos policiais dezenas de vezes.

Começou na quinta-feira. A agência encerrava o expediente quando os dois homens entraram. Os vigilantes fecharam as portas. Os dois deram voz de assalto com pistolas 7.65, as preferidas de assaltantes em todo o país. Tomaram duas escopetas dos quatro vigilantes. Mas um deles vê que os assaltantes se atrapalham para vigiar um dos tantos funcionários, que escapa por uma porta lateral e liga para a PM num orelhão da esquina; logo, a agência está cercada. Mas a dupla não se abala: estão com 15 reféns e exigem mais 20 milhões e um Santana ou Monza para fugir.

O dinheiro é enviado do Banco do Brasil de Maringá, mas o Secretário de Segurança do Estado não aceita que a dupla leve reféns na fuga. Antes de dormir no chão e nas poltronas da agência, os reféns podem ligar para casa, enquanto "Paulo", um dos assaltantes, espanta o sono com brincadeiras:

— Esse dinheiro nós vamos aplicar na Poupança Ouro do Banco do Brasil.

Sexta-feira. Um repórter de tevê entra no banco para uma entrevista e fica como refém. Reacende um debate entre os repórteres: jornalista deve ou não deve entrar tanto nos fatos?

— A Rede Globo já resolveu o problema — comentam — Repórter quer virar refém, tudo bem; só tem de fazer a matéria direitinho...

Alguns reféns começam a fugir pelas janelas e mesmo pela porta da frente e contam que os assaltantes criticam muito os políticos e apontam a corrupção como o grande mal do país.

— Isso eu invejo nesses assaltantes de hoje em dia — diz um policial — todo mundo reclama da situação, mas eles, pelo menos, conseguem fazer alguma coisa...

Chove e chega uma massa fria; os repórteres acabam com o estoque de capas plásticas amarelas de uma loja de produtos para agropecuária. Os assaltantes querem fugir com quatro reféns; o Secretário aceita apenas um. Eles prendem os reféns na caixa-forte.

Sábado. Sete reféns libertados, dinheiro entregue, "Paulo" e "Lourenço" vão fugir só com o repórter, o gerente e o subgerente. A saída é cinematográfica: oito pessoas, cobertas por um lençol, vão até um Opala, onde cinco entram; três ficam com o lençol nas mãos, e o carro parte com 25 milhões. O subgerente é deixado na saída da cidade. Mas cinco minutos depois, acaba a gasolina do carro "preparado" pela polícia — que, no entanto, não aparece para conferir. Os assaltantes, então, tomam o carro de reportagem da TV Tarobá — e voltam para o banco!

Os reféns ainda estão dando entrevistas, e alguns repórteres já estão arrumando a tralha quando o carro da TV chega em alta velocidade, e o repórter desce esbravejando que foram traídos.

— Sem fotografias! — ordena um assaltante de arma em punho.

— Calma, que a chave já vem — tranquiliza um bancário: a agência foi fechada depois de uma vistoria.

Esperam para entrar, agora só com o gerente. "Lourenço" chora de raiva e frustração. Os fotógrafos e cinegrafistas tornam a assestar as câmeras. Alguns repórteres compram roupas e até cobertores. E chegam mais microfones e câmeras.

O prefeito oferece um avião para a fuga; o secretário se irrita.

— Que diabo — os policiais também se irritam — se não é pra entrar matando, por que não facilitar tudo de uma vez?!

À noite, a Rádio Goio-Erê transmite uma entrevista com os assaltantes. "Paulo" diz que é muito religioso e que não quer "servir de exemplo para a juventude". Lembra até o estilo de Moreno:

— Apelo para o jovem que está nos ouvindo: se estiver pensando neste tipo de coisa, tire isso da cabeça, não vale a pena. Mas não estou arrependido, e agora que entramos nesse caminho, temos que procurar sair.

Por que assaltaram?

— Foi a situação financeira. Um objetivo que a gente queria atingir.

Enquanto isso, outro assalto com reféns começa na Bahia. "Lourenço" confessa estar "nervoso pra caramba" e diz também ser um dos últimos brasileiros "dispostos a morrer pela pátria".

Madrugada de domingo. A temperatura cai a três graus negativos; os carros amanhecem cobertos de geada. Numa loja de produtos agropecuários, os repórteres dormem embolados, a menos de 50 metros do banco. Para passar o tempo, jogam baralho — e lá no banco, os assaltantes ouvem os gritos:

— Truco!

— Seis, ladrão!!

Oitenta policiais cercam a agência — e some o equipamento de um fotógrafo. Tantas emissoras de rádio e tevê fazem cobertura ao vivo que todos os repórteres acabam dando entrevistas; forma-se uma confraria, e as piadas correm.

— Repórter refém devia ser em rodízio, cada dia um.

— Da próxima vez vou trazer marmita.

— Se o assalto completar uma semana, o banco vai descontar aluguel dos assaltantes.

Em outra entrevista telefônica, os assaltantes pedem desculpas ao Prefeito pelos transtornos à cidade. E exigem um avião e três reféns até o aeroporto. A polícia garante que tem atiradores de elite a postos: "É só a secretaria de segurança autorizar".

Os repórteres duvidam: já houve até um plano para lançar granadas de gás lacrimogêneo na agência e invadir em seguida, mas verificou-se que não havia, em todo o Paraná, ao menos uma máscara contra gases.

Enquanto isso, continuam chovendo sugestões de todo o país: por que, por exemplo, não colocar soníferos na comida que, três vezes por dia, é deixada na porta da agência?

— Porque eles primeiro dão para o gerente comer — cansam de explicar os policiais.

O gerente, sempre por telefone, apela por sua vida ao governador e emociona a cidade, enraivecida com os assaltantes. O assalto vai revelando uma grande contradição: o Estado não quer correr os riscos de agir, nem concede na negociação.

— Vamos comprar baralho novo — resolve um repórter.

Segunda-feira, o secretário propõe fuga com avião, mas sem dinheiro, armas ou reféns. Os assaltantes qualificam a proposta de "ridícula", ameaçam botar fogo no dinheiro; depois ameaçam distribuir para a população; até oferecem uma parte para entidade beneficente.

À tarde, o comércio fecha. Termina perto do banco uma passeata pedindo a libertação do refém. As filhas do gerente carregam cartazes. Um padre entra na agência, depois de conversar com os assaltantes pela janela, trepado numa escada. Os assaltantes confessam que dormem por turnos na caixa-forte, o outro vigiando no salão com o refém.

Na tarde de terça-feira, o secretário de segurança chega a Goio-Erê para negociar de uma vez por todas. Mas quem conversa com os assaltantes pela janela, trepada na escada, é Irmã Letícia, uma freira sorridente que logo cativa a cidade e a imprensa. Entrega santinhos, pede calma e se oferece como refém para a fuga.

Mas passa-se mais uma noite com os assaltantes na agência e os repórteres e policiais dividindo o calor de latas queimando óleo, embolados em cobertores.

Agora, na quarta-feira em que Moreno e seu pessoal vão ouvir a sentença no Fórum, o secretário concorda em ceder avião para uma fuga com o padre e a freira como reféns — decerto resultado das pressões da família e do prefeito junto ao governador. A cidade não se conforma:

— Não deixaram fugir de carro, agora vão dar avião!

A freira conversa com os assaltantes e volta com uma pistola, oferecida em sinal de boa vontade. Bíblia numa mão, pistola na outra, é cercada pela imprensa, e a polícia é a última a botar as mãos na arma.

Em Londrina, quando Moreno chega à sala de audiências no Fórum, a discussão corre solta na antessala entre policiais, escrivães e advogados.

— Lá naquele assalto no Ceará, atiraram na cabeça, pronto. Tem que atirar na cabeça. Aquele outro que assaltou com a seringa de sangue com AIDS, também acertaram na cabeça, não foi? Então! O que falta é um corpo policial especializado nesse tipo de ação.

Um policial federal faz uma dissertação sobre a SWAT e lembra também a técnica israelense de negociação:

— Primeiro, avisam os terroristas de que não haverá qualquer acordo, e serão mortos se matarem um refém. Mas oferecem tratamento digno caso os terroristas se entreguem. Quem faz refém em Israel sabe que não vai ter chance, por isso nem tentam. Ou, se tentam, é porque são fanáticos mesmo, aí não tem jeito.

— Aqui é diferente — reage um repórter — em vez de fanatismo, ingenuidade e até romantismo. Além disso, o povo é católico...

— No Rio de Janeiro — lembra outro policial — meteram bala no sequestrador num carro, mas acertaram também a boca do menino que ia como refém, por pouco não o matam. É só morrer um refém que o povo vira contra a polícia. O povo sempre liberta Barrabás...

Na televisão, o deputado "Cadeia" Alborghetti esbraveja:

— Estuprador tem que ser castrado, e assaltante tem que levar bala! Se tiver refém, tudo bem, vamos tentar salvar vidas, mas sem frescura! Nada de fornecer armas: quem não tem competência, não se estabeleça! Depois, tem que matar! E mais: esse pessoal que fala em direitos humanos pra bandido, devia levar um deles pra casa, dar banho nele, passar talquinho, levar comidinha na cama. Quem sabe, um dia, ao chegar em casa, o cidadão encontre a mulher estuprada e a casa roubada, daí talvez pense melhor na questão. Cada vez que os bandidos ganham uma parada, encorajam outros em todo o país. Daqui a pouco estão sequestrando até elevador!

Mas o governador insiste: ação policial, só quando não houver qualquer risco para o refém. O secretário de segurança dá entrevista; um policial cospe de lado:

— Papo de cerca-Lourenço...

"Lourenço", um dos assaltantes, pede colírio aos policiais: estão com os olhos afetados pelas vigílias.

Um sindicalista adianta aos repórteres que o sindicato vai exigir mais segurança para os bancários:

— Banqueiros! Do jeito que vai, não vão morrer nem assaltantes nem policiais: bancários é que vão pagar com a vida por essa situação econômica desesperadora para o povo!

Um escrivão se assanha com o discurso do sindicalista:

— Mania de botar a culpa de tudo na política! E a Justiça? Isto aqui é uma farsa! Aposto como esse Moreno sai em menos de dois anos, capaz até de virar estrela! Nossas leis são brandas, a Justiça é falha, a polícia incompetente, o povo é tonto, e esses assaltantes de agora, que parecem tão bonzinhos, estão aprendendo depressa. Uma técnica usada num assalto é logo imitada em outro.

O próprio Ministro da Justiça alerta:

— Os marginais acabam fazendo um telecurso de violência pela tevê. Se num assalto os assaltantes molham com gasolina a roupa dos reféns, em outro assalto outros assaltantes só trocam a gasolina por álcool, a milhares de quilômetros de distância...

— No fim, a culpa é da imprensa... — conclui um repórter.

A Polícia Federal vai formar um grupo especial antissequestro, segreda o policial federal. Um advogado diz que o problema está no supermercado:

— É só baixar os preços, acabar com a inflação, o salário poder comprar uma vida melhorzinha para os trabalhadores, e essa onda de assaltos acaba, voltam a ficar apenas os bandidos de sempre. Outro policial acha que a onda não passará:

— O que temos, hoje, são ex-trabalhadores assaltando. Se conseguem, estimulam outros e a si mesmos. Se não, vão aprender na cadeia como assaltar melhor da próxima vez. O crime está se organizando no Brasil, e a sociedade se desorganizando, os valores morais invertidos. Nos Estados Unidos, por exemplo, o crime se organizou no começo do século e nunca mais recuou. O ano 2000, podem crer, vai ter muito tiroteio...

Moreno coça o cavanhaque e concorda, como um observador imparcial falando aos repórteres:

— É verdade. Lá na cadeia tem até um ex-cinegrafista preso por assalto...

O juiz chama; todos entram na sala de audiências.

Em Goio-Erê, o assalto está passando das 140 horas.

"Paulo", "Lourenço" e o padre saem do banco envoltos em capas plásticas com capuzes, mascarados, enquanto Irmã Letícia leva as sacolas — só com dinheiro graúdo neste assalto... 21,7 milhões. Entram na perua Quantum do prefeito. O gerente do banco sai com uma escopeta e vai para o hospital tomar calmantes, risonho e feliz. A multidão vibra, aplaude quando a perua passa pelas ruas com os assaltantes e os religiosos. No aeroporto, duas mil pessoas aplaudem quando o avião decola.

— Sejam felizes, vão embora e não voltem nunca mais — desabafa o prefeito.

— Eu não disse que a gente devia ter fugido de avião? — João Henrique ainda não perdoa Moreno.

— Bobagem, foi tudo bobagem — Moreno coça o cavanhaque, mais preocupado em posar para os fotógrafos.

Acabaram de receber a sentença: serão mesmo quatro anos em média, e com bom comportamento estarão soltos bem antes.

Quando voltam para a cadeia, o avião já está voltando para Goio-Erê, depois de deixar "Paulo" e "Lourenço" no Paraguai. Em São Paulo, rendem-se os assaltantes que ficaram horas cercados pela Polícia numa residência com toda a família como reféns.

— Acho que vamos mesmo precisar de pena de morte — arrisca um repórter.

— No Brasil — diz um policial — é capaz de sentenciados à morte virarem mártires.

Alguns dias depois, saem nos jornais que Irmã Letícia não é mais freira, desligada da sua Ordem "por mentir demais", conforme superiores. Foi obrigada a devolver 2,5 milhões que ganhou dos assaltantes, depois de aceitar com alegria o dinheiro.

Duas moças passam em frente à agência do Banestado em Londrina. Uma aponta e suspira:

— Quem me dera estar aí no dia do assalto... Quem sabe me levassem de refém e me dessem dinheiro.

Na Cadeia, Moreno recebe bilhetes apaixonados sempre que tem foto nos jornais. Os policiais não se conformam:

— Só mesmo no Brasil...

— Somos um povo amoroso — brinca um advogado.

— Onde será que isso vai parar? — resmunga o carcereiro — Só se fala de assaltos neste país!

O escrivão brinca:

— Logo o povo muda de assunto. Vem aí eleições à brasileira...

Registros fotográficos

O pavimento térreo da agência bancária

A multidão de curiosos, antes ainda dos cordões de isolamento

O delegado, o coronel, o advogado e o gerente Cotelo

O cerco policial: três centenas de homens sem comando

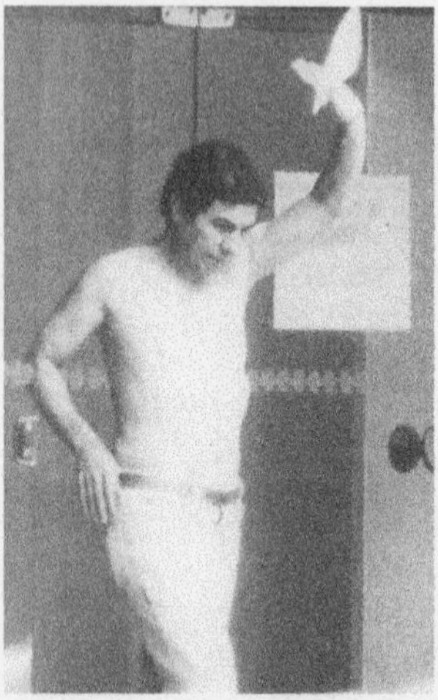
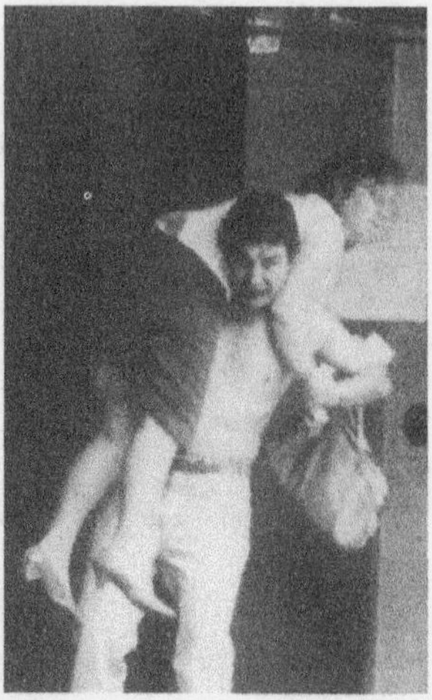

O repórter: entra e sai do banco com bilhetes, gente e munição

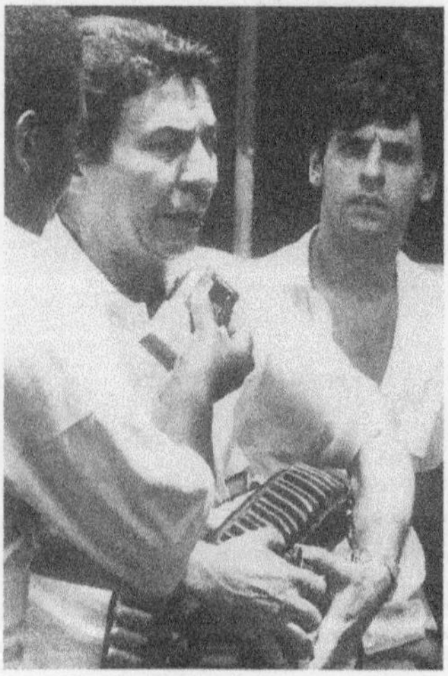
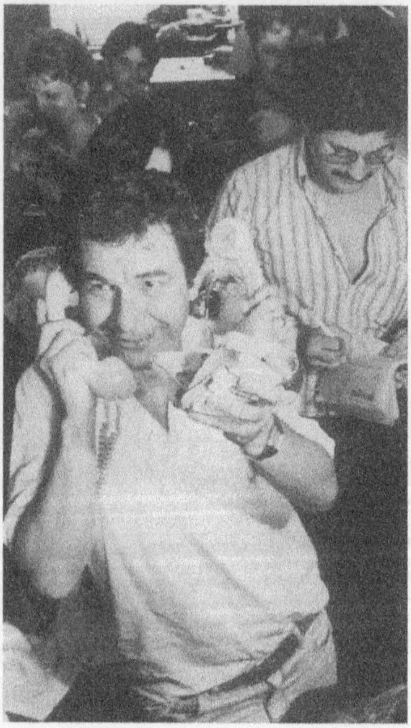

No dia seguinte, o repórter volta à Redação com um maço de dinheiro.

Para tal assalto, um ônibus especial

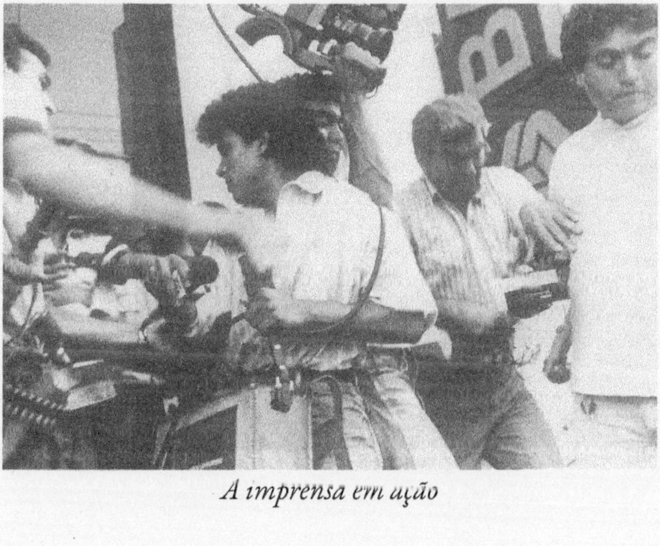

A imprensa em ação

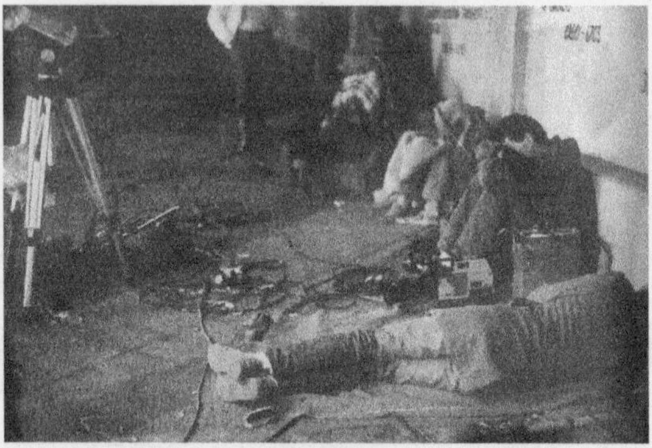

A imprensa no mais longo dos assaltos

Irmã Letícia em ação

As filhas de um refém

O escudo humano rodeando os assaltantes com os malotes

Os assaltantes e o padre saem do banco encapuzados

A saída, passo a passo

A polícia na mais longa das vigílias

Cercados por centenas de policiais

Em entrevista coletiva, descontração e bom humor; o terceiro, a partir da esquerda, é o irmão de Moreno que se entregou no lugar de Valter.

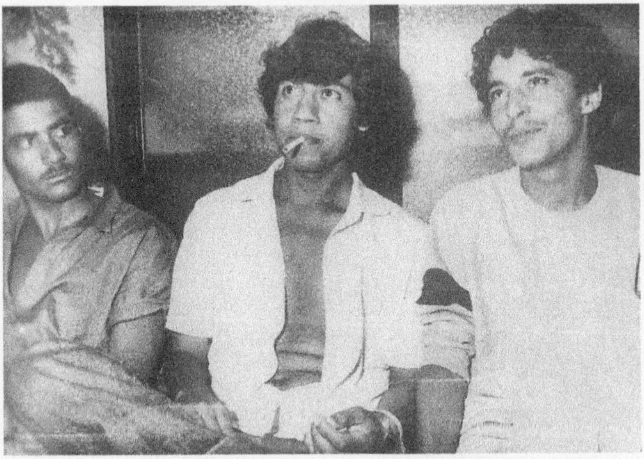

Valter, João Henrique e Ismael.

Ricardinho e Sebastião.

Seu Luiz, pai de Rique e Ricardo.

Dona Luiza, mãe de Moreno e Valter.

Dona Maria, mãe de Tiãozinho.

Moreno

Moreno de cavanhaque depois de sentenciado.

Ismael

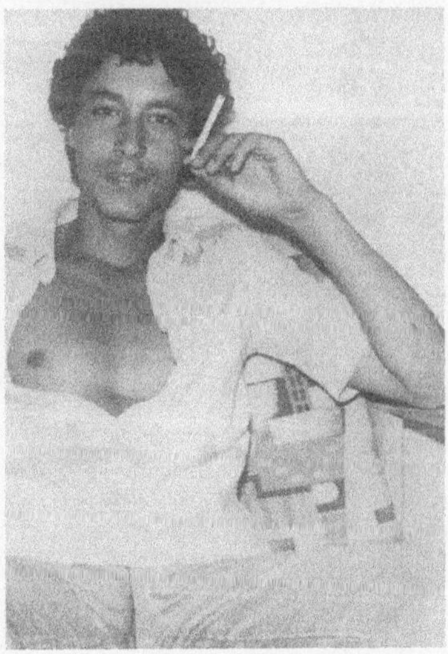

Agradecimentos

Ajudaram a contar esta história:

Os fotógrafos Josué de Carvalho, Dorico da Silva, Luiz Nachi, Anibal Vieira da Cruz, Joelson Lucas e Milton Dória, (fotos do assalto cedidas pela Folha de Londrina) e José Pedro Lima (fotos dos pais).

Esperanza Garcia Cid, Maria de Fátima Cella, Maria Lúcia Sá, Osvaldo Macedo, Edna Aparecida da Silva, Reinaldo Cleber Ribeiro dos Santos, Ludovico Bonatto e Bernardo Pellegrini, com suas colaborações

Manoel, João Henrique, Ismael, Valter, Sebastião e Ricardo, que abriram seus corações.